经济管理学术文库·管理类

企业工资集体协商的张力管理及效果研究

Research on the Tension Management and
Effectiveness of Corporate Wage Collective Bargaining

杨振彬　韩易乔　黄宾华　刘　鹏　郑佳锋　毛　磊／著

经济管理出版社
ECONOMY & MANAGEMENT PUBLISHING HOUSE

图书在版编目（CIP）数据

企业工资集体协商的张力管理及效果研究 ／ 杨振彬
等著. -- 北京 ：经济管理出版社，2024. -- ISBN 978
-7-5243-0123-3

Ⅰ. F272.923

中国国家版本馆 CIP 数据核字第 202566SF97 号

组稿编辑：张巧梅
责任编辑：张巧梅
责任印制：张莉琼
责任校对：蔡晓臻

出版发行：经济管理出版社
　　　　　（北京市海淀区北蜂窝 8 号中雅大厦 A 座 11 层　100038）
网　　　址：www.E-mp.com.cn
电　　　话：(010) 51915602
印　　　刷：唐山玺诚印务有限公司
经　　　销：新华书店
开　　　本：720mm×1000mm/16
印　　　张：12
字　　　数：187 千字
版　　　次：2025 年 2 月第 1 版　　2025 年 2 月第 1 次印刷
书　　　号：ISBN 978-7-5243-0123-3
定　　　价：88.00 元

前　言

　　党的二十大报告指出，中国式现代化是全体人民共同富裕的现代化。推进共同富裕是当前国家发展的基本任务之一，工资集体协商是实现共同富裕的重要途径。同时，近年来，构建和谐劳动关系成为社会的高频词。党的十八大以来，党中央高度重视和谐劳动关系建设，对构建和谐劳动关系做出全面部署。此外，进入新时代以来，我国劳动关系呈现出诸多新的特征，其中一个重要特征就是：个别劳动关系与集体劳动关系并存，劳动关系集体化转型成为趋势。基于上述背景，工资集体协商在实现国家宏观战略及解决劳动关系现实问题中的重要性日益凸显。

　　与西方的集体谈判相比，我国集体协商制度起步明显较晚，但发展迅速。从工资集体合同的签订数据来看，我国的工资集体协商制度确实取得了巨大发展，集体合同数量及覆盖面在短时间内得到了大幅提升。但我国工资集体协商的质效亟待提高。鉴于此，当前和今后一段时期，理论和实践界对工资集体协商的关注视角应该从"如何建立和扩大工资集体协商制度覆盖面"转向"如何提升工资集体协商的质效"。

　　目前，学界对我国工资集体协商质效不高问题及其解决思路的理论研究主要从制度的宏观设计、中观环境及微观执行三个层面展开，并且，现有的研究成果多集中在设计层面和中观的运行环境层面，而对于微观执行层面的研究还不多，同时，执行层面的研究主要是对利益相关者进行单一主体分析，缺少对利益相关者之间互动关系的综合分析；从研究方法上看，定性研究较多，实证研究较少。在中国式现代化、共同富裕、和谐劳动构建的时代背景下，亟须发挥集体协商的支撑和助力作用，一个现实的问题是：在现有的框架及运行环境下，如何解决企业工资集体协商质效不高的问题？一个可行的路径就是：聚焦企业工资集体协商执行层面，选取各地集体协商实践较为成功的案例，对其工资集体协商建制和运行的全过程进行深入、系统的剖析，找出解决企业工资集体协商实践中所面临的共性问题及其解决方法与路径，并对其中的规律进行总结。

综上所述，在现有既定的框架和环境下，本书通过将研究视角聚焦于工资集体协商的执行层面，基于组织场域的理论分析框架，将企业工资集体协商不同的利益相关者同时纳入该分析框架中，综合运用文献与理论分析法、扎根分析法（扎根理论）、案例研究法等研究方法，来探寻解决工资集体协商质效不高问题的可行之道。具体来讲：首先，运用文献与理论分析法对企业工资集体协商组织场域的形成基础与演化发展进行了解构与分析；其次，运用扎根理论方法对理论抽样出的 11 家样本企业进行了扎根分析，识别出了企业工资集体协商组织场域中的多重制度逻辑，即政治与治理逻辑、科层制逻辑、商业与控制逻辑、合法性与有效性逻辑及生存与发展逻辑，并分析了多重制度逻辑之间的关系；最后，运用案例研究法，在对案例企业工资集体协商组织场域中多重制度逻辑进行分析的基础上，研究发现：案例企业工资集体协商组织场域中客观存在着组织张力（Organizing Tension）、绩效张力（Performing Tension）、归属张力（Belonging Tension），这三种张力（Tensions）的存在，使案例企业在工资集体协商建制初期及工资集体协商运行中遇到障碍和阻力，诱发了"企业不愿谈"和"企业工会不敢谈"的问题，影响了企业工资集体协商的质效。为了缓解工资集体协商多重制度逻辑的张力，案例企业进行了形式多样的、针对性的管理实践活动，归结起来主要是从三个方向来进行着手，即流程的再造与优化、利益共同体的构建及身份定位与工作方式的创新。通过这些张力管理实践，使工资集体协商组织场域中多重制度逻辑的中心性（Centrality）和兼容性（Compatibility）发生改变，即案例企业工资集体协商多重制度逻辑类型分别由竞争型（Contested）、疏离型（Extensive Conflict）都转变为均衡型（Aligned），大大缓解了组织张力、绩效张力、归属张力，促使组织场域内各行动者之间的行为和互动实现了协同化，达到了互利共生的多赢目标，进而，推动企业工资集体协商组织场域逐步实现"生态化"。同时，在工资集体协商组织场域中，利益相关者在工资集体协商运行过程中形成合力，进而消弭了案例企业工资集体协商运行中"企业不愿谈"和"企业工会不敢谈"等障碍，最终使得工资集体协商能够真正、有效地开展，达到"维护员工工资合法权益"与"促进企业经营发展"的双重目标，并以此实现企业和谐劳动关系的构建，同时，将案例企业的和谐劳动关系构建融入其所在地的区域和谐劳动关系的构建中，促进区域和谐劳动关系的构建，助力共同富裕和中国式现代化国家战略目标的实现。

目　录

第1章　绪论

1.1　研究背景

1.1.1　现实背景

1.1.1.1　时代要求与现实之需：工资集体协商日益被重视

（1）实现中国式现代化及"共同富裕"国家战略目标的时代要求

党的二十大报告指出，从现在起，中国共产党的中心任务是以中国式现代化全面推进中华民族的伟大复兴，并指出中国式现代化是全体人民共同富裕的现代化。"共同富裕"成为当下党和人民共同关注的话题。在党的领导下，始终围绕实现中华民族伟大复兴的主题，对"共同富裕"在理论和实践上进行了一以贯之的持续探索。进入新时代以来，中国共产党领导人民通过打赢脱贫攻坚战和全面建设小康社会，朝着共同富裕的目标不断迈进，并提出促进人民共同富裕的目标要求和战略部署。

从实现路径角度来看，实现"共同富裕"需要多措并举，需要从不同层面、多个领域同时发力，具体来讲，不仅包括坚持社会主义初级阶段的基本经济制度、区域协调发展、乡村振兴、就业促进、社会保障体系建设、公共服务体系均等化建设等方面，而且，重中之重是要构建初次分配、再次分配、三次分配协调配套的基础政策安排。党的二十大报告指出，要完善收入分配，规范收入分配秩序，规范财富积累机制。改革开放 40 多年来，我国的社会财富显著增加，但与此同时，不同群体之间的收入差距仍比较突出，进入新发展阶段，深化收入分配改革成为促进"共同富裕"的重大任务（厉以宁等，2022）。在市场经济背景下，实现"共同富裕"需要协调诸多涉及收入分配的社会关系，而劳动关系是其中最需要进行收入分配协调的社会关系。这不仅因为劳动关系涉及劳动与资本等要素"共同创富"和进行初次分配的问题，而且，从覆盖面来讲，劳动关系涉及数以亿计的劳动者，数量庞大的劳动者群体能否"富裕"直接关乎"共同富裕"目标的实现与否。从劳动关系的视角来看，实现"共同富裕"主要是要健全工资决定及正常增长机制，要实现这一目标，就必须要充分用好企业工资集体协商机制。企业工资集体协商是我国市场经济下劳动关系协调的重要机制，也是企业和劳动者之间进行初次分配的主要机制，工资集体协商致力于减少个体特征的工资差距和歧视，形成具有均等性和一致性的工资结构和水平。从各国的实践来看，集体协商作用与收入不平等成反向关系，集体谈判覆盖率越高的国家，基尼系数越小。以瑞典为例，该国的集体谈判覆盖率在 80% 左右，其基尼系数在 0.2~0.25 波动，是世界上贫富差距较小的国家（闻效仪，2020）。由此可知，在共同富裕的实现过程中，工资集体协商是不可或缺的可靠保障机制，最大程度地发挥工资集体协商的积极效能尤为关键。

（2）和谐劳动关系构建及劳动关系集体化转型[①]的现实之需

近年来，随着劳动关系矛盾的凸显，构建和谐劳动关系成为社会的高频词之一（杨成湘，2019）。劳动关系是否和谐事关广大员工的切身利益，事关经济发展与社会和谐。和谐劳动关系构建是习近平新时代中国特色社会主义思想的重要组成部分（黄岩、闭金燕，2020）。党的十八大以来，党中央高度重视和谐劳动关系建设，对构建和谐劳动关系做出全面部署（聂生奎，2022）。

党的十八大报告指出，中国特色社会主义进入新时代。自中国特色社会主义进入新时代以来，我国的经济社会发生了重大变化，新时代对劳动关系也产生了深刻的影响（谢鹏鑫等，2022）。在新时代背景下，我国劳动关系呈现出诸多新的特征（常凯，2013；刘泰洪，2018；戚聿东等，2021；王庆琦，2019；李雄，2020；涂永前，2018；孟泉、雷晓天，2020；谢德成，2019；杨佳，2021）：一是劳动者利益诉求的变化，即由"法定型"向"法定型"与"发展型"并重转变。二是个别劳动关系与集体劳动关系并存，劳动关系集体化转型成为趋势。三是劳动关系形态由单一化向多元化转变。在新科技革命的背景下，新产业、新业态、新企业、新生产模式不断涌现，与之相应的新就业形态不断产生，新型劳动关系形态也日趋多样化，短工化特征比较明显。四是劳动力市场的红利逐渐由"人口"向"人才"转变，体面劳动备受重视。其中，劳动关系的集体转型是最显著的趋势特征。在新时代的背景下，和谐劳动关系的构建遇到新的挑战和问题，特别是在劳动关系集体化转型过程中，需进一步建立健全集体合同和集体协商等劳动关系协调机制。

---

① "劳动关系的集体化转型"这一命题最早是由常凯（2013）提出，他认为《劳动合同法》的颁布实施，标志着我国个别劳动关系的法律建构已基本完成，我国的劳动关系正由个别劳动关系向集体劳动关系转型。随后，关于劳动关系集体转型的研究日渐增多，闻效仪（2016），席猛、赵曙明（2013），孟泉、陈尧（2014），明娟、周易（2017），熊新发、曹大友（2016），孙永生（2017），刘泰洪（2018），许清清、徐纤纤（2022）从不同角度，对我国劳动关系集体化转型的相关问题做了进一步的细化研究。纵然，"劳动关系集体化转型"这一命题或论断尚未出现在官方的文件中，也有少数学者持不同意见，但基于近年来随着我国集体协商制度的大力推行，集体合同覆盖率和签订率的逐年攀升，我国集体劳动关系确实得到了前所未有的发展，故此，本书采纳了"集体劳动关系转型"命题之说。

综上所述，在中国式现代化和共同富裕建设的时代背景下，加之和谐劳动关系构建和劳动关系集体化转型的现实需要，工资集体协商的重要性日益凸显。充分发挥工资集体协商对国家战略目标实现及劳动关系现实问题解决的助力作用十分必要。

1.1.1.2　质效①亟待提升：工资集体协商存在的主要问题

与西方的集体谈判相比，我国集体协商制度起步明显较晚，但依靠"国家主导模式"（吴清军，2012），在国家"自上而下"的强力推动下，发展相当迅速，特别是自2010年"两个普遍"②实施以来，由于劳动力市场供求关系变化、工人谈判地位增强以及地方政府和雇主调整自身角色等原因，集体协商推动力量变为"多元主体力量推动"，尽管国家主导的集体协商仍是主流形式，国家仍然是推动集体协商的主要动力（闻效仪，2017），但集体协商的"类型化"特征日益呈现（闻效仪，2016；谢玉华，2020；孟泉，2020），集体合同的签订率和覆盖率大幅增长（见图1-1）。权威数据显示，截至2021年末，全国报送人社部门备案的集体合同文本132万份，覆盖员工1.2亿人。

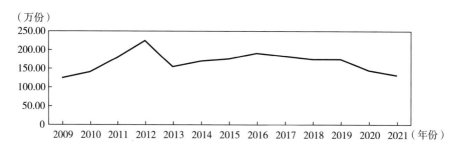

图1-1　2009~2021年集体合同的签订数③

①　关于工资集体协商的质效，理论界和实践界暂无统一的界定，综合已有的研究（谢玉华等，2017；唐鑛、嵇月婷，2019）可以通过如下几个方面进行测量：每次开展工资集体协商的平均时间长度、有关工资集体协商的劳动争议发生量、员工对工资集体协商结果的满意度、企业对工资集体协商结果的满意度等。

②　2010年7月26日，全国总工会（以下简称全总）第十五届四次会议审议通过了《关于进一步加强企业工会工作，充分发挥企业工会作用的决定》，提出要推动企业依法普遍建立工会组织、普遍开展工资集体协商，实现"两个普遍"。

③　资料来源：根据国家人力资源和社会保障部、全国总工会相关统计公报整理而得。

从集体合同的签订数据来看,我国的集体协商制度确实取得了巨大发展,集体合同数量及覆盖面在短时间内得到了大幅提升,但集体协商的实践效果有待考量(李力东,2017;潘泰萍,2013;杨成湘,2021),"不愿谈""不敢谈""不会谈"的现象十分普遍(程延园,2003;常凯、乔健,2009;徐小洪,2004;石晓天,2012;吴清军,2021;吴亚平,2012),集体协商机制尚未健全,集体协商"形式化"①问题仍然存在(程延园,2004;郑桥,2009;冯同庆,2012;林嘉,2016;胡翔,2018;汤乃飚,2019),对保障劳动者权益、维护劳动关系和谐发挥的作用有限(张鸣起,2018),功能和效果还不明显(谢玉华等,2012;王霞,2015;胡翔,2018),呈现出一定的失灵特征(杨浩楠,2020)。并且,国外学者对我国的集体协商制度的现状研究结论与国内研究基本一致。大多数西方学者(Lee,2009;Warner,2008;Clarke,2005)认为,中国集体协商多是工会推动企业签订集体合同,合同条款内容较空泛,谈判过程简化,员工参与度有待提升(杨正喜、黄茂英,2015)。

综上所述,长期以来,我国集体协商工作呈现以下特点:一方面,政府高度重视,并且将其纳入政府考核指标的一部分,集体合同签订数量不断攀升;另一方面,集体协商存在"形式化"的问题,合同履行效果不佳(吴清军,2012)。针对集体协商实效性及部分集体合同质量问题,国家于 2014 年下发了《关于推进实施集体合同制度攻坚计划的通知》②,实施分类指导,做到因企制宜、分企施策,努力增强集体协商的针对性和实效性。同年,全国总工会在初步实现集体协商建制目标的基础上,下发了《关于提升集体协商质量增强集体合同实效的意见》③《深化集体协商工作规划(2014—2018 年)》。这些文件高度强调把提升集体协商质

---

① 集体协商形式化的表现主要有:忽视或越过集体协商直接签订集体合同;集体合同照抄法律条文,过于原则、空泛。谢玉华等(2017)基于制度变迁视角对我国的集体协商的形成机理及效果进行了比较,她认为我国的集体协商可分为两种:一种是政府主导的"自上而下"的制度供给模式,另一种是"自下而上的"的需求诱致模式,前者效果甚微,而后者实效显著。

② 资料来源:中华人民共和国人力资源和社会保障部(mohrss. gov. cn)。

③ 张建国,徐微. 集体协商的策略与技巧[M]. 北京:中国友谊出版公司,2016.

量、增强集体合同实效作为今后一个时期的工作重点。

显然，通过上述分析，当前和今后一定时期内，对集体协商的关注视角应该由"如何建立和扩大集体协商制度覆盖面"转向"何以提升集体协商的质效"。

1.1.2 理论背景

1.1.2.1 我国集体协商理论研究在不同阶段的聚焦点

与西方的集体谈判相比，我国集体协商的建立和发展时间相对较短，因而，国内外对我国集体协商的理论性的研究成果尤其是创新性的研究成果也相对较少。从时间上看，大概可以分为以下三个研究阶段：第一阶段，有关集体协商的研究，主要是聚焦在对西方集体谈判理论的介绍和研究上（石美瑕，1994；王文珍，1995；夏积智，1999；董保华，2000；关怀、林嘉，2000；郑秉文、2002；程延园，2003；郑桥，2003；贾俊玲，2005），原因主要是学者们认为集体协商和集体谈判是相同的，所以，要研究集体协商，就需要先对集体谈判进行研究。第二阶段，随着我国集体协商制度的不断推进，实践中出现了诸多问题，学者们开始基于西方集体谈判理论，来对我国的集体协商实践中的问题进行反思，并基于"劳动三权"提出问题产生的根源及改进思路（程延园，2004；徐小洪，2004；郑桥，2009；常凯、乔健，2009）。第三阶段，在我国集体协商实践经验日益丰富的情况下，基于"劳动三权"视角对我国集体协商的研究依然延续（王晶，2012；艾琳，2016；段毅、李琪，2014；吴延溢，2021），同时，也开始有部分学者基于我国的特殊国情及集体协商实践，对比分析了集体协商和集体谈判的差异（闻效仪，2016；杨冬梅，2014；唐鑛、嵇月婷，2019；谢玉华，2020），并提出了初步的理论设想，以及解决集体协商实践中具体问题的思路。在这一阶段，虽然出现了一些理论研究的分歧，但是，研究的重点内容有着一致性，即都主要聚焦在分析我国集体协商"形式化"及质效不高的原因及解决方法上。

1.1.2.2 对我国集体协商质效问题的研究现状及问题

总体来讲,对我国工资集体协商质效问题的理论研究主要聚焦在制度的设计、环境及执行三个层面。三个层面的研究都很有必要性,尤其是执行层面,总结提炼实践经验,并进行理论升华,不仅具有理论意义,而且也具有很强的现实价值。执行层面的现有研究,多是聚焦地方政府、地方工会、企业、企业工会和劳动者等集体协商制度执行中的相关利益主体,而且多是聚焦在单一主体的分析视角上,缺少对这些主体之间互动关系系统性的分析和研究。

1.2 研究问题

在中国式现代化、共同富裕及和谐劳动关系构建等国家战略目标亟须企业工资集体协商进行支撑和助力的背景下,针对我国集体协商发展现状和亟待解决的质效不高问题,结合现有研究的局限和不足,本书将研究视角聚焦在企业工资集体协商的执行层面,在现有研究的基础上进行拓展,基于组织场域理论,将企业工资集体协商所涉及的各利益相关主体,同时纳入组织场域的分析框架中,对它们之间的互动关系等进行系统的分析和研究,并围绕"企业工资集体协商组织场域中多重制度逻辑的张力管理对企业工资集体协商质效有何影响?"这一核心的研究问题来层层递进地展开具体的研究,具体来讲,本书的主要研究内容如下:

一是,企业工资集体协商组织场域的形成基础及演化发展脉络是什么?

二是,企业工资集体协商组织场域中存在着哪些制度逻辑?它们之间是什么关系?

三是,企业工资集体协商组织场域中多重制度逻辑间的张力有哪些?张力对集体协商质效有何影响？如何来管理这些张力？张力管理对提升工资集体协商质效有何作用？

四是，案例企业工资集体协商组织场域中多重制度逻辑的张力管理效果是否具有"普适性"？

1.3 研究意义

1.3.1 理论意义

本书在现有研究的基础上，将研究视角聚焦在企业工资集体协商执行层面，把企业工资集体协商的利益相关主体同时纳入组织场域的分析框架，对利益相关主体的行为、互动关系及背后的逻辑等进行系统的分析与研究，以探析企业工资集体协商执行中存在的"企业不愿谈"等障碍因素及其解决之道，进而拓展了对企业工资集体协商质效不高问题研究的研究方向和理论空间。本书的理论意义主要有：

首先，在现有研究的基础上，基于组织场域理论，运用实证研究的方法，解构了企业工资集体协商的组织场域的形成基础及演化发展逻辑，分析了制度设计上的均衡场域及实践中的非均衡场域的形成原因，并从理论上阐释了二者之间的内在机理与相互关系，进而丰富了企业工资集体协商现有理论研究的内容。

其次，对企业工资集体协商组织场域中的多重制度逻辑进行识别与分析，研究发现企业工资集体协商组织场域中多重制度逻辑间的组织张力、绩效张力和归属张力，以及通过"流程的优化与再造""利益共同体构建"及"身份定位与工作方式创新"三个有效张力管理的思路与方法，用案例研究方法对张力管理的效果进行验证，从而在理论上完整建构了一条提升工资集体协商质效的可行路径，即通过多重制度逻辑的张力管理来消弭企业工资集体协商实践中"企业不愿谈"等障碍因素，进而来提升企业工资集体协商质效。这条理论路径既回应了现有研究的焦点问题，又克服了现有研究的不足，并拓展了现有研究的理论空间。

1.3.2　实践意义

在现有既定的制度框架和运行环境的条件下，本书通过对企业工资集体协商组织场域的形成基础及演化发展脉络的解构与分析、组织场域中多重制度逻辑的识别，以及对组织场域中多重制度逻辑张力管理及效果的案例研究，找到一条可以通过工资集体协商组织场域中多重制度逻辑的张力管理来解决工资集体协商质效不高问题的可行路径。通过这条路径，不仅可以在一定程度上提高企业工资集体协商的质效，并且，还可以为实现中国式现代化、共同富裕、和谐劳动关系构建等国家战略目标及解决劳动关系领域相关现实问题提供一定的助力。

1.4　研究方法

由于本书将组织场域的分析框架首次引入企业工资集体协商的研究中，在围绕本书核心问题的研究中，需要对组织场域的形成基础与演化发展、组织场域中的多重制度逻辑、多重制度逻辑之间的张力、张力管理及其效果等内容，按照本书的逻辑"链条"展开层层递进的研究，所以，基于研究内容的特点，本书选择了相应的研究方法。全书的逻辑关系层层递进，全书的内容"浑然一体"。下面把本书用到的研究方法作一简述，后续的相关章节再结合具体内容进行展开阐述。

1.4.1 文献与理论分析法

本书对现有文献中有关工资集体协商质效不高的原因与解决思路进行梳理，全面了解和掌握相关领域研究的源起、发展和前沿。同时，通过相关文献梳理与分析，对工资集体协商制度的沿革、空间拓展、主要特点及动力基础进行了梳理与分析。此外，也运用理论分析的方法，对工资集体协商组织场域的形成与演化、多重制度逻辑的并存关系、张力及管理等进行了理论化的分析。

1.4.2 扎根分析法（扎根理论）

扎根理论（Grounded Theory）是质性研究领域的一个经典方法，由格拉斯（统计实证主义）和施特劳斯（符号互动论）于 20 世纪 60 年代提出。扎根理论方法的主要目标是理论发现而非理论证实，理论产生的来源是经验资料。与传统的芝加哥学派质性研究不同的是，扎根理论强调理论形成的过程是一套更加严密、连贯的方法论规则或标准（Glasser & Strauss，1967）。本书通过参与观察法、访谈法和二手档案法收集了大量的一手、二手资料，采用扎根理论对质性材料进行开放性编码、主轴编码和选择性编码，识别出了企业工资集体协商组织场域中的多重制度逻辑，并分析了各种制度逻辑之间的关系。

1.4.3 案例研究法

理论创新源于大量的管理实践和案例研究（张丽华、刘松博，2006）。本书采用案例研究作为主要研究方法，通过理论抽样选取了位于长三角、珠三角及中西部地区的四个省份的五家企业的工资集体协商实践作为案例进行对比研究。采用案例描述法（Yin，2009）对案例中的过程维度进行纵向描述，并对案例企业工资集体协商组织场域中多重制度逻辑之间的张力、张力管理实践及效果进行了研究。

1.5　概念界定

1.5.1　企业工资集体协商

工资是集体协商的主要议题，企业层面的工资集体协商是我国集体协商的最主要类型。目前，学界对集体协商的概念界定存在各种讨论，这主要是基于对集体协商与西方集体谈判关系的不同认知，有的学者特别是法学界的学者（夏积智，1999；程延园，2004；贾俊玲，2005；郑桥，2009；常凯、乔健，2009，王晶，2012；艾琳，2016；段毅、李琪，2014；吴延溢，2021）将集体协商与西方的集体谈判视为等同的概念，也有的学者（温德姆勒，1994；闻效仪，2016；杨冬梅，2014；唐鑛、嵇月婷，2019；谢玉华，2020）认为，虽然集体协商是借鉴西方集体谈判而设立的劳动关系协调机制，但是二者之间还是有着诸多的不同之处。而官方的定义则是："集体协商是指员工一方的代表与企业方面的代表，就签订集体合同或专项集体合同或其他劳动关系的事项，而进行的商谈行为。"①

基于学术界的研究及官方的定义，本书对企业工资集体协商的概念做如下界定：企业工会代表员工与企业就工资福利相关问题按照法定的程序而进行的商谈行为。企业工资集体协商是市场经济条件下，企业中工资决定和利润分配的一种机制。

1.5.2　企业工资集体协商组织场域

"组织场域"被认为是由一系列受到相同制度影响的组织所构成的、明确的

---

①　中华全国总工会集体合同部．全国工会工资集体协商培训教材［M］. 北京：中国工人出版社，2011.

组织范畴。本书中的企业工资集体协商组织场域，包括行动者、制度逻辑和关系系统三个组成要素。其中，行动者包括地方政府、地方工会、企业、企业工会、劳动者等企业工资集体协商的直接参与者和间接参与者；制度逻辑是指组织场域中由社会建构的、历史性的文化性象征符号，包括信念、价值观、假设、规则等，制度逻辑为组织场域中行动者的行为提供指引性的共同概念框架，支配着行动者的行为和互动策略；关系系统是指组织场域中的行动者在制度逻辑的支配下，通过与其他行动者互动而产生的各种互动关系的总和。

1.6   分析框架：组织场域理论

1.6.1   组织场域的理论内涵

Martin 在 2011 年指出，场域（Field）的概念起源于 19 世纪的物理学特别是电磁学和液体流学，在物理学和社会科学领域，使用场域视角来解释研究对象已有很久的历史。后来场域（Field）一词通过各种渠道被引入社会科学的研究领域。组织场域（Organizational Field）的概念是由 DiMaggio 和 Powell（1983）首先提出的，他们认为，组织场域是由一系列受到相同制度影响的组织所构成的、明确的组织范畴，处于组织场域中的组织彼此存在差异且互为依赖。Scott（1983）认为，"组织场域"本身会以各种方式把自己组织起来，而场域本身不同的组织方式又反过来对场域的组织结构即运行产生影响。这些早期的理论框架忽视文化联系，而过于强调关系系统。不过，组织场域概念的提出是组织研究领域一个重要的进步，它是组织研究者对给定组织的相关环境在深入研究的基础上获得的一致性的共识。组织场域这一概念有利于我们理解给定组织的环境性质，根据组织场域概念来研究社会系统与过程，是一个新的有价值的研究层次。

组织场域的概念扩大了组织研究结构，包含部门、社会及跨国层次的宏大结构。社会实践中，组织是主要的行动者，我们有必要了解它作为博弈角色在更大网络与系统中的重要性。大多数的组织会参与一种或多种组织场域，受到多种制度逻辑的影响。有学者认为，组织会在一个部门或行业场域中运行，也会在竞争性的场域中运行，部门和行业场域包含组织的竞争对手、交易伙伴，并由他们的逻辑界定，而竞争性场域也包括多种场域中的其他博弈者，这些博弈者试图影响目标组织的行为。组织场域不仅反映了其中的很多冲突（如系统性、逻辑冲突等），也会调节和利用它们，成为社会变迁的一种重要因素。DiMaggio（1986）指出，组织场域作为一个关键的分析单位，它弥合了关于社会与共同体变迁研究组织层次和社会层次的分析。组织场域概念的提出，吸引学者从这一中观层次加以研究。

1.6.2   组织场域的关键组成要素

组织场域的关键组成要素包括制度逻辑、行动者和关系系统三个方面（斯科特，2020）。

1.6.2.1   制度逻辑

制度逻辑是组织场域的关键组成要素，组织场域则是制度逻辑的实践空间（毛益民，2014）。制度逻辑是一种基于物质实践和象征性符号系统内在的"理"（王利平，2017）。在组织场域中，组织、个体等行动者是一种或多种制度逻辑的"携带者"（Carrier），组织、个体等行动者长期嵌入到多重制度逻辑之中，这是一种常态（Besharov & Smith，2014）。Alford 和 Friedland（1985）最早阐释了制度逻辑的概念：研究的是为参与场域行动者的行为提供指引的共同概念框架（Friedland & Alford，1991；Thornton et al.，2012）。每一种概念框架都有自身的核心逻辑，如社会层面的文化、信仰和规则（Friedland & Alford，1991），包括了规范性与文化—认知性要素。其中，一些为场域构建提供基础，使场域持续保持一种"共同的理解",但是,另一些则为不同场域位置中的参与者群体提供不同的甚至竞争性的认知框架(Fligstein & McAdam,2012)。早期的相关研究多聚焦于具备单一主导特征群体的作用(Dunn & Jones,2010),然而,后来的研究发现,将其长期嵌入组织或个体是一种常态。在发达社会中存在多重的认知框架,这样的发达社会包含了不同专业性的场域,比如经济、亲属关系等类型的场域。而在不同的场域中,都有不同的制度逻辑支配(Friedland,1991),其内容也是各异,尤其是相关的假设迥异,其渗透能力也不一样(Krasner,1988),并且一个场域中的各种制度逻辑的排他性、竞争性也各不相同(Scott,1995),但其都能帮助组织解释其所面临的现实环境,确定组织的恰当行动及成功标准,指导组织获得合法性(Thornton & Ocasio,1999)。

1.6.2.2 行动者

一个特定的组织场域一般只含有有限的几种组织模式,如个体行动者(角色)和集体行动者(原型)等组织模式。有学者提出,在场域层次提出要求会促使组织采用特定的结构与系统,这些结构与系统呈现了独特的、基础的理解方式,组织一旦采用这些结构与系统,一般会维持同样的原型(Greenwood & Hinings,1993)。Besharov 和 Smith(2014)比较关注制度逻辑在场域、组织、个体之间的交互关系的研究,组织或个体等行动者长期嵌入其中,这是一种常态,对此,组织需要对相应的要求进行适当的回应。当我们讨论某个组织场域的结构在发生变化时,这不仅说明主要博弈者之间有了更多的常态化的互动,也是在说明以监督、控制、掌舵和调节主要博弈者的交易为基本功能的组织,数量在增加,重要性在提升(Jooste & Scott,2011)。每个组织场域都有自己独特的治理系统,这些治理系统由公共规制结构、行业协会、工会及司法系统等公共或私人行动者构成,这些行动者通过规制性、规范性等要素的某种结合来控制场域中各种行动者及其行动(Scott et al.,2000)。

1.6.2.3 关系系统

组织场域理论最初主要关注的是把组织连接成大网络的关系系统(DiMaggio & Powell，1983），同样，Scott 和 Meyer（1983）比较关注场域或部门层次的关系或结构特征。而 Fligstein（1990）则更强调权利与控制程序，他认为对于比较大的公司而言，其相关的关系既包括它与其他相近组织的关系，也包括它与国家、社会、民族等的关系。Podolny（1993）等更强调具有一定声望的行动者在影响场域发展方向和身份过程中所起的作用。运行于场域层次上的治理系统是场域的另一个重要的子系统（Scott et al.，2000）。

1.6.3 组织场域中多重制度逻辑的关系及张力管理的重要性

经过长期的研究，学术界对制度逻辑理论的研究不断深入，最初在社会层级的视角越来越多地被应用到多层级的分析，尤其是场域层级（Thornton & Ocasio，2008）。通过梳理现有的研究，发现学界比较关注在场域层面的逻辑及其应对。组织场域中的多重制度逻辑始终处于动态的演变过程中（Thornton，2004），也有学者探讨了它们之间的兼容或同化过程。Thornton 和 Ocsio（1999）、Thornton（2004）基于注意力理论，诠释了制度逻辑对于组织行为的影响机理。此外，制度逻辑在组织场域层面的变化可能会受到场域内某些组织的影响，并且，组织层面制度逻辑的兼容与同化也会促进其在组织场域层面的变化。

组织场域中多重制度逻辑并非一直保持着兼容状态，兼容性（Compatibility）较低时，它们之间会带来张力（Tensions），尤其是在具备竞争性的情况下会在各不同组织成员之间产生持续的张力和冲突（Battilana et al.，2015），实践中，管理组织场域内多个组织的多重制度逻辑而产生的张力是一种常态，通过构建适当的流程和机制主动应对其带来的张力，可以缓解组织场域的张力（Ramus et al.，2017），并获得组织场域利益相关者的支持（Pache & Santos，2013）。Besharov 和 Smith（2014）从兼容性、中心性这两个维度将组织内逻辑多重性分为竞争型（Contested）、均衡型（Aligned）、支配型（Dominant）和疏离型（Estranged）四种不同类型（见表 1-1），用于分析多重（元）制度视角下的张力，并提供了整

企业工资集体协商的张力管理及效果研究

合性的分析框架。

表 1-1   组织场域中多重制度逻辑的组合类型及特征

		兼容性 (Compatibility)	
		低 逻辑为行为提供了冲突性指示	高 逻辑为行为提供了兼容性指示
中心性 (Centrality)	高 多重逻辑对组织功能有关键影响	竞争型 (Contested) 大量的冲突 (Extensive Conflict)	均衡型 (Aligned) 极小的冲突 (Minimal Conflict)
	低 单一逻辑对组织功能有关键影响，其他逻辑有次要影响	疏离型 (Estranged) 温和的冲突 (Moderate Conflict)	支配型 (Dominant) 没有冲突 (No Conflict)

1.6.4   组织场域理论对研究企业工资集体协商的适用性

一方面，如前所述，对于理解制度过程和组织现象，没有任何其他的概念比组织场域概念更为重要和有用（Scott et al.，2020）。企业工资集体协商制度的运行根植于社会环境之中，在实际运行中，有不同的组织（行动者）参与，不同的组织有着不同的信念价值及行动规则（制度逻辑），这些组织在参与工资集体协商工作中建立了不同的联系（关系系统）。鉴于此，上述这些情形很好地契合了组织场域的理论框架。如前所述，由于我国经济和社会等环境的特殊性及现阶段基层工会（如企业工会）仍在发展阶段，虽然法律上将企业工资集体协商设定为劳资双方就工资等劳动福利报酬而进行的商谈行为，但在实际的运行中，我国集体协商出现了"从政府主导到多元推动"的趋势，当前和今后很长一段时期内，政府主导依然是集体协商的主要形式。长期以来，企业工资集体协商往往受到地方政府、地方工会等利益相关者（或不同组织）的直接或间接参与，所

· 16 ·

以，工资集体协商运行是在企业、企业工会、劳动者、地方政府、地方工会等相关主体组成的"组织场域"中进行的。在该组织场域中，各个主体之间因工资集体协商的相关工作的开展而形成了"关系系统"，并且，每个主体都会受到工资集体协商的影响或约束，同时也因各个主体都有不同信念、价值追求、运行规则及行动策略等，故此，在这个组织场域中，各个主体（场域中组织或个体）受到的影响不同。通过上述分析，企业工资集体协商在运行中的环境、关系及利益相关者的信念、价值、行动规制的差异等相关情况与组织场域内涵及其关键组成要素比较吻合。

另一方面，通过运用组织场域的理论框架，可以深入、系统剖析本书拟要研究的问题。在现行背景下，通过将研究视角聚焦在企业工资集体协商的执行层面，分析其实际运行中的机理，并发现组织场域中多重制度逻辑的张力管理的规律和方法，以在一定程度上解决工资集体协商质效不高的问题，由此，能够提高研究的理论规范性。

综上所述，企业工资集体协商制度的实际运行契合了组织场域的理论框架，基于组织场域理论可以为本书拟要研究的问题提供规范的理论分析框架，所以，组织场域理论用于对企业工资集体协商进行运行机理分析、规律发现及张力管理等方面的研究，具有恰当性。

1.7 研究思路、技术路线及章节安排

1.7.1 研究思路

在既定的制度设计和环境背景下，本书将研究视角聚焦到企业工资集体协商的实行层面，基于组织场域的分析框架，来解构和分析企业工资集体协商的组织

场域的形成基础和发展演化脉络，并识别组织场域中多重制度逻辑及其相互关系，同时，分析不同制度逻辑之间的张力对企业工资集体协商质效的影响。最后，通过分析张力管理的实践与效果，来探索和验证张力管理对企业工资集体协商质效提升的作用。

基于上述思路，本书的四个核心章节将对有关问题进行针对性的深入系统研究。

（1）基于组织场域的理论框架，通过梳理我国企业工资集体协商历史演进、主要特征及制度空间拓展的条件和动力，对我国企业工资集体协商所运行的组织场域的形成基础及演化发展进行分析。

（2）运用扎根分析方法（扎根理论），通过对样本企业的质性材料进行编码分析，对工资集体协商组织场域中的多重制度逻辑进行识别与分析。

（3）运用案例研究的方法，分析企业工资集体协商中多重制度逻辑间的张力、张力管理实践及效果，并进行理论升华。

1.7.2　技术路线

本书的技术路线如图1-2所示。

1.7.3　章节安排

本书在章节安排上，共由6章内容构成。

第1章：绪论。绪论部分主要包括研究背景、研究问题、研究意义、研究方法、概念界定、分析框架，研究思路、技术路线及章节安排，创新之处与研究局限等。

第2章：文献综述。包括设计层面的研究：工资集体协商质效不高的根本原因分析；环境层面的研究：工资集体协商运行效果的影响因素分析；执行层面的研究：利益相关者的个体影响因素分析；现有研究的评述及可拓展的研究方向。

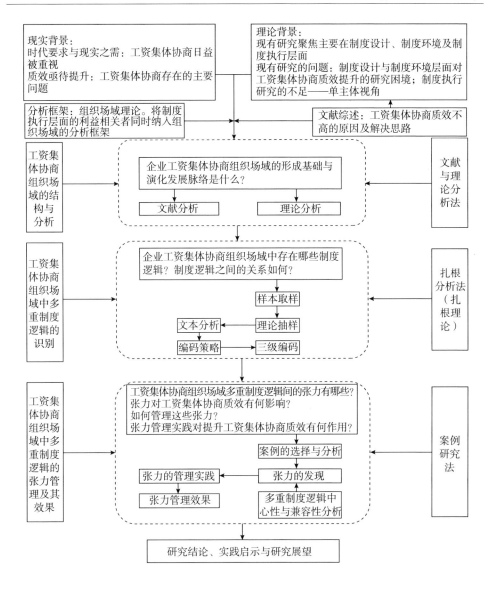

图 1-2 本书的技术路线

第 3 章：企业工资集体协商组织场域的形成基础与演化发展。包括形成基础：企业工资集体协商的制度演进与制度空间拓展；演化发展：企业工资集体协商组织场域的形成、演化与特征；本章小结。

第 4 章：企业工资集体协商组织场域中多重制度逻辑的识别：扎根分析。包括研究设计、质性材料的编码分析、企业工资集体协商组织场域中多重制度逻辑的理论内涵与关系分析、本章小结。

第5章：企业工资集体协商组织场域中多重制度逻辑的张力管理：案例研究。包括研究设计、案例企业概况及其工资集体协商建制背景、案例分析、本章小结。

第6章：主要结论、实践启示及研究展望。

1.8　创新之处与研究局限

1.8.1　创新之处

本书的创新之处主要体现在如下三方面：

第一，在分析框架应用上的创新。本书将组织场域的理论分析框架首次引入工资集体协商的研究领域，将制度分析与组织分析结合起来，把工资集体协商执行层面的利益相关者（相关行动者）同时纳入这一分析框架中，分析了各利益相关者的互动策略、互动关系，避免了现有研究将制度分析与组织分析"割裂"及对工资集体协商执行层面单一主体分析而带来的研究视角的单一性和研究结论的片面性。

第二，在研究对象上的创新。当前对企业工资集体协商质效不高问题的研究存在诸多争议，尤其是在制度设计和环境层面，诸如"劳动三权"问题、"工会独立性和代表性"问题及社会环境等问题，这些问题的存在使得对工资集体协商的研究陷入困境。基于此，本书避开当前学界对企业工资集体协商中短期内无法解决的问题争论，对现有的制度设计及环境层面的研究困境进行"突围"。通过对工资集体协商组织场域多重制度逻辑张力及张力管理实践与效果的实证研究，在理论上探索了一条有助于解决"企业工资集体协商质效不高"问题的可行路径。

第三，在研究方法上的创新。本书采用文献与理论分析法、扎根分析法（扎根理论）相结合的混合研究①，更系统、更严密地对本书的研究问题进行研究。运用文献与理论分析法对工资集体协商组织场域的形成基础和演化发展进行规范解构；运用扎根分析法（扎根理论）对工资集体协商组织场域中的多重制度逻辑进行严格的识别；运用多案例研究法，对典型企业工资集体协商组织场域多重制度逻辑间的张力及张力管理实践与效果进行深入挖掘和提炼。

1.8.2　研究局限

为了保证本书研究的规范性和严谨性，在本书不同章节，根据研究的实际需要，采用了不同的研究方法。尽管如此，限于研究的客观基础与现状，以及研究方法自身的局限，本书的研究过程及研究结果的适用性还存在着一些局限。

本书的案例研究部分，采用了多案例研究设计，虽然与单案例研究相比，多案例研究具有更强的外部效度（Yin，2009），在理论建构方面也比单案例更有优势（Eisenhardt，1991），但是，案例研究方法本身有其特定的局限性。并且，本书案例研究部分五家案例的工资集体协商均属于相似类型，虽然是我国企业工资集体协商的主流类型（闻效仪，2017），但是，集体协商类型化特征日益显现（闻效仪，2016；谢玉华，2020；孟泉，2020），还同时存在其他类型的工资集体协商，由此，本书案例部分所得出的研究结论能否适用于其他类型的工资集体协商仍有待考察。

---

① 鉴于定性研究和定量研究在人文社会科学研究中的发展及其公认的合理性，综合了这两种数据收集形式的混合研究也在不断发展（约翰·W. 克雷斯威尔，2007）。

第 2 章　文献综述

　　针对研究背景中所提出的企业工资集体协商质效不高的问题，本书进行了相关文献的梳理，通过文献梳理发现，现有研究对我国工资集体协商质效不高的原因及改进对策的分析聚焦在不同层面，总体来讲，主要有宏观设计层面的研究、中观环境层面的研究以及微观执行层面的研究。

　　工资是集体协商的最主要内容，企业工资集体协商是集体协商的最主要类型。很多文献对集体协商、工资集体协商、企业工资集体协商并没进行刻意区分，基于这一客观情况，在本书的文献综述中，也遵守这一表述惯例。

2.1　工资集体协商质效不高的根本原因分析

　　现有从宏观视角来分析我国集体协商质效不高原因及改进的研究，主要由于对"集体协商"与"集体谈判"关系的不同认识而提出不同的改革建议。通过梳理现有的研究，发现一个很明显的现象：从我国集体协商制度建立到现在，法学一直是研究集体协商的主流学科，并且，大多数法学界学者对集体协商进行研究主要是基于"劳动三权"的分析视角。而近年来，随着我国集体协商实践的不断发展，其他学科对集体协商的关注和研究增多，也有一些不同的研究成果出现，但研究成果还不是很多，本书将对比相关文献进行归类梳理与分析。

2.1.1 关于集体协商与集体谈判关系的讨论

2.1.1.1 "集体协商与集体谈判等同"说

集体谈判起源于最早进入工业化的西方资本主义国家，是市场经济国家实践最悠久、应用最普遍的调整劳动关系的重要制度安排（程延园，2004；贾俊玲，2005；艾琳，2016），是国家规范劳动力市场秩序、协调劳资矛盾的一项伟大发明（Dubin，1954）。Webb（1914）首先提出集体谈判这一学术术语。在实践中，国际劳工组织《促进集体谈判公约》第 2 条将集体谈判定义为：集体谈判是适用于单个雇主、多个雇主或一个或多个雇主组织为一方，一个或数个工人组织为另一方，双方就确定工作和就业条件、调整雇主与工人之间关系、调整雇主组织与工人组织之间的关系进行的所有谈判（贾俊玲，2005；程延园，2004）。

改革开放以来，我国的集体协商制度是在借鉴西方国家集体谈判的基础上，伴随着劳动力市场机制的建立和完善而设立和发展起来的（刘燕斌，2012）。在我国《劳动法》《集体合同暂行规定》《工资集体协商试行办法》《劳动合同法》等法律及劳工政策及政府文件中普遍使用"集体协商"或"平等协商"一词①（程延园，2004），但在学术界的研究中，尤其是法学界的学者，通常会使用集体谈判来替代集体协商，或将集体协商与集体谈判混合使用。他们的理由是：我国的集体协商是借鉴西方国家的集体谈判而建立的，集体谈判和集体协商是同一概念（贾俊玲，2005），考虑到集体谈判在国际上已通用，没必要体现中国特色，目前的集体协商应正名为集体谈判（贾俊玲，2005；程延园，2004；常

---

① 目前，我国只有深圳市的地方立法中使用了集体谈判和谈判的词语，深圳市第四届人大常委会通过的《深圳市实施〈中华人民共和国工会法〉办法》首次将"集体谈判"一词纳入地方立法。

凯，2001；刘诚，2016；夏积智，1999）。

2.1.1.2 "集体协商与集体谈判不同"说

随着我国集体协商实践的不断推进，近年来，也有学者提出了集体协商与集体谈判的差异，其中比较有代表性的观点如下：

有学者解释了集体协商与集体谈判的关系，以及我国官方的表述和学界的认知存在差异的原因。赵炜（2010）认为，在西方国家中，集体协商与集体谈判分属于劳动关系体系中不同的方面，它们是解决劳资矛盾的两种不同方式。但是，集体协商和集体谈判这两个概念在我国并没做刻意的区分，学术界一般认为集体协商等同于集体谈判，并且，在法律文本中都一致性地使用了"集体协商"一词。那么，为何会出现如此情况？林嘉（2016）对此进行了分析，她认为用集体协商替代集体谈判，主要是由于集体谈判将劳资双方视为对立双方，这一点与我国社会主义劳动关系的性质不完全相符，此外，西方国家的集体谈判基础是"劳动三权"，而我国没有"劳动三权"的规定。谢玉华（2020）对此给出了不同的研究结论，她认为，集体协商就是中国结合自己的劳动关系状况，对世界通用的"集体谈判"的借鉴和创新，之所以使用"集体协商"而非"集体谈判"概念：一是由于我国的基本经济制度是"坚持公有制经济为主体，多种所有制经济共同发展"，我国的劳动关系也是基于这一基本经济制度的；二是基于我国劳动关系为和谐劳动关系的界定，劳资双方根本利益一致，劳资矛盾属于人民内部矛盾。我国集体协商和西方集体谈判的区别主要在于：第一，工会或谈判代表是否代表劳方的利益；第二，劳资双方是否存在博弈；第三，集体协议对劳资双方是否有约束力。

也有学者从概念翻译及概念背后的深层差异方面提出了集体协商和集体谈判的不同。郑尚元（2005）则不赞同将西方国家的"Collective Bargaining"直接译成"集体协商"，他认为集体协商是在不尊重市场经济普遍规则基础上的一种独特创造。虽然，在内容中，我国的集体协商与西方的集体谈判是一样的，但是，在过程上，我国的集体协商"消除"了产业行为，并且，还脱离了集体谈判的根基，同时，失去了集体谈判的根本。国际劳工组织集体谈判专家约翰·P. 温德姆勒（John P. Windmuller, 1994）专门对"集体协商"与"集体谈判"两个概念进行了研究，他认为谈判是一个决策的过程，而协商则是一个咨询的过程，强调在劳动关系中形成一种合作关系。此外，从二者的结果来看，谈判的结果主要取决于谈判双方力量的平衡，但是，协商的成果则主要由企业的管理者掌握。针对约翰·P. 温德姆勒的分析，闻效仪（2016）提出不同意见，他认为约翰·P. 温德姆勒的分析仅仅关注了"协商"与"谈判"的角色差异，并没有认识到中西方的本质差异。"集体"的差异才是中西方制度的本质差异，我国集体协商中的"集体"有着独特的意识形态和权利结构，这其中包括我国的国家特色、工会的双重角色、国企改革等。

还有一些研究重点分析了集体协商与集体谈判内在"基因"的差异。翟玉娟（2003）认为，在目的和参与主体方面，我国的集体协商与西方的集体谈判都存在不同之处。杨冬梅（2014）则从协商民主的视角进行分析，认为工会代表员工与企业进行集体协商是协商民主的重要内容和形式，我国社会主义制度下的集体协商与西方国家资本主义制度下的集体谈判有着很大的不同。而唐镶、嵇月婷（2019）则认为，集体协商与集体谈判是两个完全不同的概念，中国将西方的集体谈判本土化为集体协商制度，反映了劳动关系领域的中国特色，强调劳动关系是合作关系。中国集体协商的特色产生的原因之一是中国工会的独特性，而根源则是中国传统的文化。

2.1.2 "劳动三权"视角下的审视分析与制度建构思路

常凯（2001）认为，在劳动关系领域，构建劳动法律体系十分关键，而劳动法律体系构建的重要基点是"劳权"。国内一些学者（程延园，2005；常凯，2004；林嘉，2016；艾琳，2016）通过对西方国家集体谈判的研究发现，西方现代劳动法律发展有一个重要的历史性标志，就是集体劳动关系的规范与调整开始受到重视。总体上讲，"团结权""集体谈判权"及"罢工权（争议权）"构成了集体劳动权利体系，进而构筑了西方现代劳动法律的根基。由此可知，西方国家的集体谈判是建立在上述"劳动三权"基础上的，而"劳动三权"之间又是密不可分的，它们之间既有机衔接，又相互支撑。其中，"集体谈判权"是核心和关键，"团结权"是"集体谈判权"的前提和基础，"争议权"是实现"集体谈判权"的辅助和支撑，是集体谈判能够顺利、有效开展的根本保障。

综上所述，持"集体协商"与"集体谈判"为同一概念观点的学者，通过对西方国家集体谈判的考察，发现西方国家集体谈判之所以运转有效，主要是因为集体谈判建立在"劳动三权"基础上，并据此审视我国的集体协商，研究发现：我国的"劳动三权"与西方国家不同。

柯宇航（2018）通过对比西方国家的团结权立法发现，我国存在着工会维权职能弱势、主体不明确、工会诉讼代表制度不足、不当劳动行为救济的司法程序缺位等具体问题。其中，关于不当劳动行为的法律缺位问题，与常凯（2007）的观点比较一致，他认为，在我国现行法律框架中，一个最突出的问题就是如何保障劳动者组织工会的权利，而影响这一权利的主要问题是雇主介入和控制工会现象，是对劳动者权利的剥夺。

从上述研究可以看出，虽然在法律上将劳资双方视为平等主体、劳动者享有"集体谈判权"，但实际上劳资双方在经济实力上差别很大，并且劳动力市场的供求不平等加剧了这一力量上的差距，最终致使集体协商仍难发挥预期作用（王晶，2012）。有学者通过广东南海本田的罢工案例，得出"该本田案例的独特性就在于'劳动三权'在一定程度上都得以实现。工人的抗争、政府和工会介入劳资冲突调解、集体谈判和工会重组过程互动形成了'劳动三权'得以实现的空间"，这一研究结论从实践角度，进一步佐证了"劳动三权"对集体协商的重要性。而阎天（2016）以美国集体劳动关系的盛衰历史为鉴，指出我国集体劳动关系亟待将工业民主树立为价值目标，要加强对"劳动三权"的保护，更需要做实职代会的监督职能，扩大个别协商对集体协商的变通权限。

2.1.3 非"劳动三权"视角的审视分析与制度建构思路

2.1.3.1 "社会法迭代"说

还有一些法学界的学者从"社会法迭代"（Generational Change of Social Law）的视角进行研究。

社会法（Social Law）最早产生于西方国家，早在 19 世纪初，某些欧洲国家就出现了工厂劳动者保护法和工厂法（Beveridge，1969），这些都是社会法最早的实践（郑功成，2020）。我国社会法的建设开始于中华人民共和国成立初期的工会法和劳动保险条例，而我国的社会法研究起步较晚，于 20 世纪 80 年代前后初兴（邓怡，2020）。社会法是中国特色社会主义法律体系的重要组成部分，我国对社会法的研究有着一定的历史（叶静漪，2020）。丁晓东（2021）认为，对社会法的内涵界定是中国社会法研究的元问题。但是，关于社会法的内涵界定，可谓仁者见仁智者见智，至今尚未达成一致的共识（杨思斌，2020）。通过文献梳理发现，关于社会法的概念，我国学者有几种不同的认识：董保华（2001）将社会法作为第三法域的概念，唐政秋、李健（2008）将社会法作为法律部门上的概念；陈国钧（1984）认为，社会法是为了解决社会问题而制定的一系列相关的法律规范总称；陈训敬（2009）认为，社会法是法理学的一个分支学科或者学术流派；李炳安（2007）认为，社会法是用来保障社会权利的法律；此外，也有一些非主流的观点认为，社会法是用来维护社会公共利益的法律。而杨思斌（2020）则认为，社会法的内涵辨析主要存在于"第三法域说"和"法律部门说"之间。此外，他还认为，现代意义上的社会法是工业社会的产物，西方国家的社会法在其概念及框架体系上也是各异的，但各种社会法的形成、发展等方面有可借鉴的经验。对此，沈建峰（2019）也持相同的观点，他认为虽然各国对社会法定义的名称、内涵和范围有很多不同，但社会法背后存在客观规律性。此外，叶静漪（2020）基于当前社会运转的特征，认为尽管关于社会法基础理论的争议从未平息，但应探索一条科学优化的路径来化解社会问题。

抛开社会法的相关理论争议和国别认知的差异，社会法中可梳理的规律性的线索不少，其中，关于社会法的代际更替就是其中一个。陈步雷（2012）通过对英国、德国、日本、法国、加拿大等国家社会法的历史梳理，结合自由资本主义发展，第一、第二次世界大战及 1929 年大萧条、20 世纪 80 年代等重大历史节点，把社会法的发展划分为三代：第一代社会法（19 世纪初期及后期，20 世纪初期）导致自由资本主义被混合资本主义替代的早期劳动及社会保障法，主要针对国内的劳资矛盾，立足于缓和阶级矛盾、提供初级的社会保护。第二代社会法（1919 年国际劳工组织成立后，1929 年大萧条，"二战"后至 20 世纪 80 年代前）以解决社会的边缘问题为主，注重人权保障和社会保护，建立了普遍覆盖的社会保险、集体谈判等，标志性事件是国际劳工组织成立、罗斯福新政及联合国经社文公约、贝弗里奇报告等。第二代社会法被称为"再分配主义"。第三代社会法（20 世纪 80 年代以后）通过对第二代社会法推行的社会保险、集体谈判给政府带来的财政负担进行反思（Edelman，2003），形成了社会保护和社会促进并重的社会政策（波兰尼，2007）。

以社会法的迭代来审视我国社会法的现状，郑功成（2020）认为，我国的社会法建设缺乏应有的理论支撑、社会法领域的空白较多、离成熟法律部门距离较远、现有社会法立法质量不高、新时代出现的新问题亟待解决。邓怡（2020）认为，中国社会法对社会问题的回应还有待提高，整体处于三代社会法问题并存的状态，应借鉴国外社会法的历史经验，立足中国背景来解决中国的社会问题。对此，陈步雷（2012）也认为，应该把西方国家社会法迭代中的相关理念、制度和技术作为学习的重点。叶静漪、苏晖阳（2020）提出，以"求同""精准""创新""发展"为原则，探索中国社会法的转型和出路。此外，叶静漪、李少文（2021）建议，在社会法转型中，应确定新发展阶段我国社会法的立法重点任务。从社会法的角度，陈永福、沈星（2015）对我国的集体协商制度进行审视与反思，他们认为西方国家以"劳动三权"为基础建立集体谈判制度并不适合我国国情，我国与西方国家的社会体制存在较大差异。所以，我国的集体协商应该建立在"第三代社会法"的基础上。

2.1.3.2　协商民主构建说

现有对集体协商制度设计的研究除了从法学视角外，也有从政治学的协商民主视角的研究。

（1）关于协商民主的国内外研究

民主理论在不同的社会发展阶段有着不同的主体和形态。随着民主实践的扩展，民主问题一直是学术研究的重要领域。作为民主的一种形式，"协商民主"（Deliberative Democracy）这一概念由 Bessette（1980）首次提出，他认为协商民主"既要限制大众多数，又要使多数原则有效"。这一概念提出之后，西方的学者开始对协商民主进行广泛而深入的研究，这其中包括 John Rawls、Anthony Giddens、Jugen Habermas 等政治学界的知名学者或思想领袖（俞可平，2006）。到了 20 世纪 90 年代晚期，协商民主已经成为民主理论研究的热门方向，协商民主也渐渐成为一种重要的民主理论。协商民主自产生以来，对它的研究可以分为以下三个阶段：第一阶段主要集中在协商民主规范性的确立上。第二阶段的研究主要聚焦在承认文化多元化和社会复杂性基础上的协商民主理论建构。第三阶段的研究强调协商民主的"经验转向"，使协商民主规范理论和实证研究相结合（Elstub，2010）。

国内学术界开始接触协商民主是 2002 年，Jugen Habermas 在我国作了一场有关协商民主的学术报告，这场报告引起了国内学者随后对协商民主的广泛关注和研究（李建，2017）。目前，国内学术界对协商民主已经取得了不少研究成果，总体来讲，研究成果主要分为基础理论研究和实践应用研究两个方面。

在基础理论研究方面，罗豪才等（2007）从公法研究的视角，系统分析了软法与协商民主的关系；马奔（2014）对协商民主的内涵、制度设计等理论的变迁进行了梳理与分析；而贺羡（2017）则基于批判理论的视阈，对协商民主进行了批判式分析。

在实践应用研究方面，学者们的研究视角主要聚焦在中国协商民主的构建路径及问题解决等方面上，林尚立（2016）从缘由、基础、形态、功能、运行、议程、程序和发展等维度，对中国协商民主的逻辑进行了研究；而李建（2017）从国家治理的视角、公共理性的视角，对社会主义协商民主与国家治理体系与治理能力现代化，以及中国协商民主制度的建构路径进行了研究；房广顺、刘辉（2018）系统阐释了人民政协与社会主义协商民主、政党协商与社会主义协商民主、民主党派与协商民主、基层协商与社会主义协商民主、党的领导与社会主义协商民主等相关内容之间的关系；此外，孙照红（2019）对中国协商民主体系及其运行机制进行了研究。

（2）从协商民主视角对集体协商制度设计的研究

随着协商民主理论自西方引入国内，一方面学者们对协商民主的基础理论进行了介绍和研究，另一方面结合中国特色的国情，将协商民主理论与中国的相关制度构建和实践相结合，进行各细分领域和方向的研究。其中，在劳动关系领域，近年来，有学者结合我国集体协商制度的有关问题进行初步研究和探索。张琼（2012）认为，工资集体协商制度是协商民主的一种实践形式，她还指出了我国工资集体协商制度之所以质效不高，其主要原因是不具备协商民主理论所强调的公共协商理性，鉴于此，我国现行的集体协商制度需要基于协商民主理论来进行改进和完善，比如从培育协商主体、建立履约监督检查机制等。而侯莎莎（2011）则把研究视角聚焦在我国工资集体协商制约因素上，她基于协商民主的理论，认为工资集体协商体现了协商民主的精神实质，因此，应通过培育协商空间等措施来构建具有中国特色的工资集体协商制度。杨冬梅（2014）通过比较协商民主与中国协商民主的不同特点，提出工会代表员工与企业进行协商是协商民主的重要与形式，同时，她认为我国的集体协商与资本主义下的集体谈判有着较大的差异，当前，加强集体协商立法是健全社会主义协商民主的重要途径之一。林嘉（2016）提出，应基于协商民主，在劳动关系领域构建社会协商体系，即在宏观上构建三方协商制度、参与立法和政策制定、在微观层面构建企业（行业）协商、劳动参与制度和对话沟通。

上述学者的分析主要是从理论视角对我国集体协商的关系辨析和制度建构的理论建议。也有一些国内的学者结合具体的集体协商实践案例归纳提炼其中蕴含的协商民主元素，并基于此提出完善集体协商制度的具体建议。蔡峰（2009）基于对温岭行业工资集体协商案例的考察和分析，探讨了协商民主在中国情景下的功能与空间。王海峰（2016）基于湘潭市工会推进工资集体协商的实践，分析了组织化的工人与基层协商民主的关系，认为工资集体协商是基层协商民主的一种有效探索，并提出完善工资集体协商的建议。胡欣霞（2018）以四川省广元市企业工资集体协商实践为例，对基层协商民主的认知进行了问卷调查和实证分析。

2.1.3.3　压力机制变通说

闻效仪（2016）基于对我国转型期的集体协商特点、运行环境及类型的深入分析，指出集体协商不是劳动者个人与雇主进行利益谈判，而是通过工会组织与雇主进行有关劳动条件和福利待遇进行交涉的过程。所以，集体协商的关键点在于工会的组织形态，不同的工会组织形态直接影响着集体协商的类型和设计。与西方工会不同，我国工会的特征和组织形态具有独特性，我国工会的组织结构是科层制（张戌凡、赵曙明，2019），工会组织有其独有的特征，从全国总工会到基层工会的实力逐渐递减，因此，在集体协商中，既不能把工会看成是万能的，也不能把工会看成是无用的，而是要基于工会自上而下科层制的组织结构来进行具体问题具体分析。所以，看待中国集体协商制度要有系统的视角，一方面要发挥上级工会在立法和监督执法等方面的作用，另一方面还要加强基层工会建设，弥补组织短板。他认为，我国的集体协商建设应该包含政府主导型集体协商（重点是建章立制，杠杆是法律）、行业主导型集体协商（重点是工价标准，杠杆是行业组织）、工会主导型集体协商（重点是工资增长，杠杆是工会代表性）。

2.1.3.4 基于"和合伦理"的权利设计说

和合伦理来源于中国的传统文化，"和合"强调对立面的相互渗透和统一，对立的双方不能离开对方而突出自己。王黎黎（2021）认为，中国的集体协商应建立在和合伦理基础上，我国集体协商追求协商目标协调、协商行为配合、协商收益均衡，源于和合伦理中和合共生、和善诚信、和衷共济的伦理内核。她进一步提出，在和合伦理的基础上对我国集体协商的权利体系进行完善，即完善政府介入请求权、协商团体形成权和集体协商权，这些权利的完善不同于西方集体谈判中团结权、集体谈判权和集体行动权，体现了集体协商的中国特色。

2.1.3.5 协商单元划分说

杨浩楠（2020）分析了我国集体协商目前的状态，并梳理了现有对集体协商相关的研究，他不赞同集体协商的现状是由"劳动三权"缺失、工会代表性不足等观点，他通过分析美国集体谈判模式，发现该模式的优势在于基于利益共同体标准划分的合理协商单元，确保雇员之间形成凝聚力，他以美国的模式为参照，认为我国集体协商现状的根本原因是劳动者难以构成利益共同体、难以形成凝聚力，即我国的集体协商是"大而全"的，没有区分不同岗位类别、管理方式、岗位职责、劳动条件等的不同，工会笼统地代表全员进行集体协商，这导致了雇员的异质性较高而无法形成凝聚力。基于此，他建议我国要借鉴他国的模式，以员工的同质性来划分协商单元，并分别进行集体协商。

2.1.4 小结

通过对上述文献的梳理不难得知，虽然现有从设计层面对企业工资集体协商质效不高的根因及对策的研究体现出不同的细分视角，但是从根源上讲，都是基于对集体协商与西方国家集体谈判的不同认知而展开的，也即是"集体协商与集体谈判等同说"和"集体协商与集体谈判不同说"是两个不同的逻辑起点，之所以会产生这种现象，主要是因为我国的集体协商是在借鉴西方集体谈判的基础上而设立的，并且我国集体协商建立的时间相较于西方国家的集体谈判相对较短，在集体协商建立后的这几十年时间里，很长一段时间，学界都在介绍西方的集体谈判，并用集体谈判的理论框架作为参照系来审视我国的集体协商设计，并基于此来提出提高我国集体协商质效不高问题的解决路径和方案，但是，以"劳动三权"为基础的西方集体谈判的理论分析框架在分析我国集体协商时，无法回避集体协商背后的中国情景，对这些讨论很容易陷入研究的困境，而以"非劳动三权"为基础对集体协商设计的研究，目前还不够系统，尤其是要实现理论的"自洽"还需要更多、更深入、更系统的研究成果积累。综上所述，对集体协商质效不高的设计上的现有研究，暂时难以对亟待提升的工资集体协商质效，提供一条可行的解决路径。

2.2 环境层面的研究：工资集体协商运行效果的影响因素分析

国外学者对运行环境与集体谈判影响的研究，多是集中在法律、经济形势、物价水平、劳动力市场供求、政策等方面，Methe（1980）认为，集体谈判在一定程度上受工资水平、环境因素及地区差异的影响；Troy（2003）研究发现劳动立法、劳动生产率及劳动力市场等相关因素对西方国家的集体谈判有影响。Cutcher-Gershenfeld 等（2004）通过研究 21 世纪前后西方集体谈判发现，如经济、社会等环境压力是集体谈判的重要影响因素。Paquet 等（2000）通过实证研究，描述了影响集体谈判的因素，这其中包括法律社会外部环境因素。

梳理国内学者现有的研究不难发现，国内学者已认识到，集体协商的运行环境是分析集体协商运行效果的重要视角。常凯（2009）认为，当代劳动关系是一种转型过程中的劳动关系，即由计划经济向市场经济转型中的劳动关系，并且，中国劳动关系的转型是在世界经济全球化的背景下进行的。赵炜（2012）通过对西方国家集体谈判历史沿革的分析，认为西方集体谈判的有效实施要受到经济、社会、文化等多种因素的制约和影响。张抗私（2001）对我国的集体协商的制约条件进行了分析，认为我国集体协商的建立和发展需要一个循序渐进的发展过程，在这个过程中，法律的健全、政府的推动与指导、市场经济发育的成熟及社会环境的稳定等都是不可或缺的条件。对此，也有学者持类似的观点，闻效仪（2018）认为，我国"集体协商"与西方"集体谈判"不仅是字面的差别，更重要的是我国的集体协商背后的经济环境和社会环境有着较大的差异。由此可知，集体协商的运行环境是分析集体协商运行质效的一个很重要的分析视角，通过文献，现有对集体协商运行环境的研究主要有法律与政策、社会、文化等几方面。

2.2.1　国家法律及劳动关系治理策略的影响

2.2.1.1　国家法律政策的影响

Commoms（1905）等西方国家的学者都认为集体谈判实施的重要影响因素之一就是立法。对此，国内学者杨冬梅（2011）也表示认同，认为加强和完善工资集体相关法律法规，是工资集体协商机制能真正发挥作用、推进和完善工资集体协商的前提。

目前，国内学者对我国集体协商的法律环境研究较多。有些学者（金红梅，2012）聚焦整体的立法情况，认为我国的集体协商的立法整体上存在不少缺陷，比如立法简单、层次低、可操作性不强。关明鑫（2008）则关注了我国工资集体协商立法的具体条款，指出我国工资集体协商是可选择性条款，对于没签或做得不到位的企业缺乏制约性，由于这种"软约束"特征，在具体实践中，大多数集体协商仅仅停留在纸面上，或只有统计指标意义，没有被执行，自然也就没发挥调节劳资关系的作用（杨涛、张庆红，2018）。另外，孙立平（2008）从集体协商的本质价值出发，指出集体协商和劳动合同立法是两种不同形式的劳动关系协调机制，如果试图将劳资关系中的许多具体问题以法律的形式加以确定，不但使劳动法律僵化和无法实施，而且也侵蚀了劳资双方自由协商的谈判空间，使其丧失了本质功能。王天玉（2015）则认为，为了减少劳资双方在共同利益的分配过程中对抗造成的经济损失与社会成本，我国可以借鉴西方劳资谈判义务，对工资集体协商行为主观要件进行法律塑造。

2.2.1.2 主要推动力量及国家劳动关系治理策略的影响

国外学者（Warner & Sek-Hong，1999；Clarke et al.，2004）普遍认为，在中国集体协商中，党和政府是推动集体协商的主要动力。在国内学者的研究中，常凯（2004）认为，政府是劳动关系的特殊主体，鉴于我国劳动力市场还不够规范、劳资双方的发育程度不成熟，特别是工会还不能代表劳动者的实际情况，所以政府在劳动关系中的地位应该被强化。肖竹（2014）也认为，在集体劳动关系中，政府主导符合我国的现实情况，是一定时期内我国的制度选择。谢玉华（2012）认为，我国的集体协商是在借鉴西方集体谈判的基础上，由政府自上而下强制性推动制度变迁。对此，闻效仪（2017）通过实证研究得出相似的研究结论，他认为，尽管我国的集体协商出现了多元化的类型，但国家主导型的集体协商依然是我国集体协商最主要的形式，国家依然是我国集体协商的主要推动力量。

闻效仪（2013）认为，不同于西方集体谈判中的劳资自治，我国的集体协商主要是自上而下的运作模式，在这种模式下，虽然集体合同的签订率和覆盖面在短时间内得以迅速的提升，各项指标得以迅速完成，但这种模式使我国的集体协商陷入形式化的困境。同样，吴清军（2012）也把集体协商形式化的原因归于"自上而下"的指标化的劳动关系治理策略。他认为，集体协商是国家治理劳动关系的重要策略和技术，如果试图通过指标化管理把劳资双方行为都纳入到法制化的轨道上来，这种劳动关系治理技术就过于强调对目标的管理，而集体协商运行的实际过程未加以重视。从而导致了一个矛盾现象的出现：一方面集体协商工作越来越被重视，另一方面集体协商却出现形式化问题。潘泰萍（2013）指出，我国的集体协商模式虽然是集体协商得以快速发展，但实际效果却远低于预期，主要表现是，集体合同内容单一、协商流于形式。

2.2.2 市场经济环境的影响

2.2.2.1 劳动力市场供求关系及宏观经济形势的影响

吕景春等（2015）认为，集体协商需要建立在雇主与劳动者相对平等的基础上，避免成为资本拥有独断话语权的领域，劳资力量平衡是进行集体协商的前提。张抗私（2001）基于我国市场经济运行中的劳动力市场结构的分析发现，随着我国市场经济的建立和发展，劳动力市场结构的变化特别是劳动力市场供求结构的变化也对集体协商的运行产生重要影响，在我国市场经济建立早期，劳动力市场整体上是买方市场（王霞，2015），在这一供求关系格局中，资强劳弱的特征比较明显，此外，集体劳权代表——工会（常凯，1996）代表性不足（程延园，2004；金红梅，2012；许晓军、吴清军，2011），有着"双重"角色（徐小洪，2010），缺少独立性，职能履行不够（石晓天，2012），故此，虽然法律上劳资双方地位是平等的，但鉴于劳动双方的经济力量差异较大及劳动力市场供大于求等情形，"平等协商"只能是一种理想的假设（程延园，2005）。胡昌平（2011）通过分析工资集体协商密切相关的七大关系，也认同企业的工资集体协商要受到劳动力市场供求关系的影响，只不过他分析得更系统一些，认为企业工资集体协商受到劳动力市场与企业经营效益的双重影响，因此，在市场经济的运行环境中，既要分析劳动力市场的供求信息，以确定不同岗位劳动者的工资集体协商的幅度范围，也要考虑企业的经营状况，并把二者做一统合分析。谢玉华（2014）从同样的视角，分析了劳动力市场与集体协商运行效果之间的关系，研究发现，近年来，由于劳动力市场竞争格局的变化，很多领域出现了劳动力的卖方市场，资方的合作意识也在加强。关于这一点，闻效仪（2016）指出，一直以来中国的劳动力市场被认为是无限供给的，长时间整体处于供大于求的状态，但这一现象自 2004 年开始发生变化，"招工难""用工荒"现象逐渐开始蔓延全国，一定程度上，劳动力市场供求关系发生了逆转，而从西方集体谈判发展的经验看，劳动力市场的供给短缺会推动集体谈判的改革，并影响集体谈判中的劳资双方的谈判力量及效果。关明鑫（2008）通过实证分析发现，工资集体协商会受到宏观经济发展及区域经济发展形势的影响，工资集体协商的变动与区域经济发展水平存在一定的相关性。对此，焦晓钰（2014）也发现集体协商的实践发展存在不平衡的特点，其主要原因是区域经济发展水平的差异造成的，比如在东南沿海地区，集体协商的发展速度较快，而中西部经济欠发达地区，集体协商的发展速度则相对缓慢。

2.2.2.2　市场经济不同阶段的经济政策的影响

杨成湘（2018）、黄任民（2015）从地方层面对地方经济发展中的集体协商的发展空间受到限制的角度，对此作了进一步的实证分析，他们指出一些地方对开展集体协商充满顾虑，担心集体协商会刺激诱发劳动关系矛盾，进而可能影响投资环境、不利于经济的发展。由此，促进劳动关系长期和谐稳定没有很强的内生动力，在这样的经济发展环境中，企业的劳动关系双方的集体协商基本上没有运行空间（郑桥，2009）。闻效仪（2016）通过市场经济发展的长周期中的不同阶段中经济对集体协商的影响作了对比分析，研究指出，市场经济建立初期，在国有企业改革、国家经济发展主义等情形下，集体协商发展为何陷入困境。他结合转型期中国劳动关系的变化，指出了一些有利于工资集体协商的新的经济政策，比如扩大内需和产业机构的转型与升级，在此背景下，工资集体协商被作为推动收入分配改革、推进消费升级，以及推进产业转型升级中的重要机制。

2.2.3　政治、文化及社会环境的影响

中国传统的劳动关系调整模式中有很多和谐、合作的元素，传统上处理纠纷也强调"和为贵、和为先"（程延园，2011）。唐鑛、嵇月婷（2019）认为，集体协商充分体现了我国的协商民主的思想，中国特色协商民主融合了马克思主义和中华民族的崇尚团结和谐的集体主义精神和文化传统，体现了公平、多重、兼容、互惠双赢的政治理性及以天下为公的理念。在我国，自古有"和为贵"的传统，也有"合则两利，斗则俱伤"的传世佳话，所以，完全对抗的集体协商

与传统美德相悖。

2.2.4 小结

通过上述文献梳理可以发现，企业工资集体协商运行的环境涵括了法律、文化和社会等诸多方面的因素，这些因素交错复杂，成为影响企业工资集体协商运行效果的"变量"，这些"变量"具有相对稳定性，对这些"变量"的调适，很难一蹴而就。同时，鉴于我国市场经济的发展及法制的建设还处在持续的探索和完善之中，在没有成熟的实践经验作为基础支撑的情况下，不能对现行的市场经济及法律进行相应的变动，这些法律和政策在一定时期内也是相对稳定的。所以，企业工资集体协商的运行环境具有相对的稳定性，也即是对企业工资集体协商环境的优化需要有一个循序渐进的过程。由此，现有从企业工资集体协商环境视角，一系列提升企业工资集体协商质效的思路和方案只能提供"远景"预期，而对于当下亟待提升企业工资集体协商的质效暂时难以给以现实的助力。

2.3 执行层面的研究：利益相关者的 个体影响因素分析

所谓的利益相关者，指的是那些能够影响企业目标实现或被企业目标实现过程所影响的任何个体和群体。利益相关者理论突破公司治理中股东至上的理论桎梏，回答了谁是企业的所有者和剩余利润所有者（Frennman，1984）。利益相关者的需求会影响企业的组织结构、整体决策和具体决策（Donaldson & Preston，1995）。

由于现实中劳方的"形式主体"和"意志主体"的分离，劳动者的利益代表出现了"代表性模糊"和"代表性分散"，中国劳动关系目前是一个"三方四主体"的结构，即政府、工会、劳动者和雇主四主体，政府方、劳方、雇主方三方（常凯，2009）。虽然，法定的企业工资集体协商主体是劳资双方（企业方和工会），但鉴于我国集体劳动关系的上述现状，企业工资集体协商中的主体往往包括诸如企业、企业工会、劳动者，甚至地方工会、地方政府等多个利益相关者。现有从微观视角对企业工资集体协商质效不高及改进方法的研究，也是围绕着这些利益相关者展开的。

2.3.1　工会代表性、独立性及工作能力的影响

工会是企业工资集体协商的主要参与主体之一，从性质上看，我国的工会组织是与中国国情相适应的"类政府机关"，在政党系统中的合法地位和身份是我国工会组织最主要的力量之源，当前我国工会的核心职能是维权和维稳（许晓军、吴清军，2011）。有学者将集体协商实效不高归因于企业工会的弱势（冯钢，2006），企业工会对资方的从属性和依附性是工会最大的弱势（胡磊，2012），使劳动者通过工会改变"强资本弱劳动"格局的力量打折扣，企业工会无法解决在集体协商中的独立性和"代表性"问题。基层工会改革与集体协商的推进密切相关，通过对基层工会改革，从而切实推进企业集体协商、避免集体协商流于形式（刘诚，2015）。

此外，有些学者也对从工会代表的工作能力视角分析了其对工资集体协商的质效的影响。郑桥（2009）协商谈判参与者的能力和素质非常重要，特别是工会一方的协商代表的专业化。目前，有些企业的工会方协商代表存在着"不会谈"的问题，相关能力素质有待进一步提升（张鸣起，2011），工会在组织工人开展集体协商时，普遍缺乏足够的专业能力（赵玥，2016）。此外，部分企业工会代表认为工资集体协商的专业性强、难度大，导致他们在工资集体协商中的消极、畏难情绪（黄任民，2009）。在集体协商中缺乏应有的能力也是导致集体谈判权行使受阻的关键原因之一。

综上，在鉴于工会在代表性及工会工作人员工作能力等方面的原因，在一些

企业的集体协商中出现了"企业工会不会谈"的问题,这些问题的存在影响了企业工资集体协商的质效。

2.3.2 企业"认知"及"意愿"的影响

吕景春等(2015)认为集体协商推行多年,但实施与推广效果并不显著,原因在于很大程度上以往的集体协商缺失了企业的主动参与。那么,为什么企业不愿意主动参与?杨成湘(2019)认为,要让集体协商真正健全完善并发挥应有的作用,还必须着重解决企业等主体对集体协商认识不到位的问题,有的企业经营者对集体协商存有排斥心理,认为开展集体协商会提高企业的生产成本,甚至认为开展集体协商会影响自己的生产经营自主权。林嘉(2012)分析企业对集体协商认知出现偏差的原因,即很多企业对工资集体协商持排斥、消极态度,担心工资集体协商会提高企业的运行成本,稀释企业的利润。

针对企业对工资集体协商的曲解和误解,一些学者认为(许晓军,2010;吴亚平,2012;廖文根,2018),要解决集体协商形式化的困境就要解决"不愿谈""不敢谈"和"不会谈"的问题,对于"不会谈"的问题可以通过培训的方式来解决,对于"不愿谈"的问题,可以通过立法来解决(吴亚平,2012),当前,在工资集体协商制度的诸多实施障碍中,"企业不愿谈"往往被列为首要障碍(王黎黎,2018),但"不愿谈"的问题如何来解决?对此,学者们也从不同视角进行了研究,程延园(2004)认为,集体谈判(集体协商)能否为企业所接受,并作为决定就业条件和待遇的主要方式,取决于两种不同的价值判断体系即一元论和多元论。王黎黎(2018)认为,当企业"不愿谈"时,有两种思路可以对其进行引导,第一种思路是以产业关系学派理论为基础,第二种思路是以一元论为基础,即以人力资源管理学派的观点为基础,向企业关注民主管理思想,同时建立非独立工会,配合民主管理的开展。相比之下,第二种思路更符合我国劳动关系的定位和追求。

2.3.3　劳动者个人认知、心理及信息不对称等因素的影响

杨成湘（2019）认为，有的员工认为开展集体协商不过是"走过场""没有实际意义"，有的员工甚至不知道工会具有代表他们同企业进行集体协商的权利。有的学者（谢玉华等，2012）通过对工资集体协商的实证研究发现，员工对集体协商的了解和认识很少。劳动者普遍愿意做沉默的大多数人，在集体谈判的权利行使中，"搭便车"的心理导致劳动者弃权（赵玥，2016）。艾琳（2016）认为，除了存在大量阻碍集体协商的外部因素外，就集体谈判协商的权利主体而言，劳动者的自我弃权也是重要原因。劳动者的弃权由文化心理（法律意识匮乏、法制观念淡薄带来的无知，以及被符号化带来的无力）、选择困境（偏见和压力下的"不敢谈"、"搭便车"心理的"不愿谈"）等原因造成，都是集体谈判权难以有效开展的重要因素。企业方作为义务主体，不接受集体协商或不履行诚实义务也是集体协商受阻的一个重要因素。此外，林嘉（2012）认为企业与员工间的信息不对称，干扰了企业集体协商的进行。如果企业不履行信息披露义务，会影响集体协商的效果。同样，王霞（2015）的研究也证实，企业与员工间的信息在工资集体协商中存在信息不对称的问题，这是影响集体协商质效的原因之一。

2.3.4　小结

将研究视角聚焦在执行层面的研究，避开了设计和环境的争论，也避免陷入上述研究的"困境"，但是，现有的研究只分析了工会、企业、劳动者这些单一的利益相关主体，忽略了不同利益主体之间的互动关系，研究结论有"片面性"的缺陷，如果只是针对上述不同主体分别来提出针对性的改进思路，最后进行加总，难以达到预期的目标，甚至会出现"合成谬误"①。所以，从执行层面来改进企业工资集体协商单个利益主体的缺陷，并不能很好地解决企业工资集体协商

---

① 合成谬误（Fallacy of Composition）是萨缪尔森提出来的。意即，它是一种谬误，对局部来说是对的东西，仅仅由于它对局部而言是对的，便说它对总体而言也必然是对的。

质效不高的问题，一个可行的方向就是：运行综合的理论分析框架将企业工资集体协商执行层面的各利益相关主体同时纳入其中，并进行系统的分析，以探寻各主体之间的互动关系和机理，找出执行"障碍"，并给以"清除"，从而保障企业工资集体协商的顺畅且可持续的运行。

2.4 现有研究评述及可拓展的研究方向

通过梳理上述国内外学者对我国集体协商运行的"形式化"及质效不高问题及改进措施的研究，不难得出如下结论：

首先，对我国工资集体协商质效不高及改进措施研究的国内学者占绝大多数，而且，国内学者研究角度和研究方法也是相对比较多样的，其中的主要原因是我国集体协商相对西方集体谈判的发展历史还较短，积累的经验和数据资料也还比较有限。因此，要做出比较有深度的研究需要对集体协商的实际运行有深刻的把握，在这方面国内学者有着国外学者所不具备的条件。

其次，现有研究多聚焦在宏观的设计层面和中观的运行环境层面上，而对于微观的执行层面的研究还不多；从研究方法上看，定性的研究较多，实证的研究较少。总体来讲，现有研究中观层面集体协商运行的法制、社会文化环境的完善和优化也是需要循序渐进的过程，不会一蹴而就。但是，如前所述，在中国式现代化、共同富裕、和谐劳动构建的时代背景下，亟须发挥集体协商的支撑作用和助力作用，一个现实的问题就是要在现有的框架及运行环境下，解决工资集体协商质效不高的问题。那么，可行的路径就是：聚焦企业工资集体协商执行层面，选取各地集体协商实践较为成功的典型案例，对其工资集体协商建制和运行的过程进行剖析，找出解决集体协商实践中所面临的共性问题的解决方法与路径，并总结其中的规律，进行理论升华，对解决当前企业工资集体协商的问题，并提升其质效是十分必要的。此外，从现有研究整体情况来看，这也是现有研究的一个薄弱和不足之处，并且，鉴于集体协商及环境的特殊性，也无法从西方集体谈判发展历史中找到相应的可借鉴经验，只能立足实践，构建中国自主的知识体系。

综上所述，在既定的制度设计和运行环境以及短期内难以改变的客观背景下，我国工资集体协商推行难、质效不高问题比较突出。但如果看到中国集体协商制度现有困难就简单认为其已经陷入停滞不前的状态是片面的（闻效仪，2016）。值得注意的是，近年来，在一些地区出现了真正由于劳资双方需要而产生的集体协商（郑桥，2009），这些实践中的少数成功案例给出了乐观的答案，这说明企业工资集体协商这条道路是行得通的（谢玉华，2011）。因此，本书认为，在既定的框架和运行环境下，将研究视角聚焦我国集体协商执行层面，通过选取集体协商的现有比较成功的典型案例，来探寻解决我国企业工资集体协商所面临的质效不高等问题的解决之道，总结提炼其中具有规律性的做法和经验，是在现有研究基础上可以拓展的一个研究方向。

第3章 企业工资集体协商组织场域的形成基础与演化发展

本章通过梳理我国工资集体协商制度的历史演进脉络，分析了我国企业工资集体协商的主要特征及制度空间拓展的基础与动力，在此基础上，根据组织场域的理论框架，剖析了我国工资集体协商组织场域的形成、演化、特征及亟须解决的问题。

3.1 形成基础：企业工资集体协商的演进与制度空间[①]拓展

3.1.1 企业工资集体协商的演进及空间拓展的脉络

根据国际劳工公约和各国劳动立法的一般原则，集体合同是集体谈判的法律

---

① "制度空间"（Institutional Space）最早是由 Martin（1998）提出，用以研究企业生产与一系列制度化组织对区域发展影响的重要性，这一概念随后被引入到政治学和社会学研究领域，尤其是近些年被引入到分析组织的研究中，彭茜、姚锐敏（2021）、郭沐睿（2022）分别对基层政府及工会的制度空间进行了界定，并将制度空间分为规范空间和运行空间。本书所述的集体协商的制度空间，包括制度规范空间（即集体协商的法律政策等的制定）及制度运行空间（即集体协商的覆盖率和集体合同的签订率等实际运行的广度和深度）。

结果，关于集体谈判和集体协商立法都是合一的，只是在侧重上有所不同，有的称之为集体谈判法，有的称之为集体合同法、团体协约法或集体协议法。我国法律法规通常表述为"集体协商和集体合同"。在我国，集体协商和集体合同是一对密不可分的概念，集体协商是集体合同的过程，集体合同是集体协商的结果（常凯等，2011）。

为适应经济体制改革的需要和工作节奏，我国集体合同制度逐步被恢复，并按照市场经济改革的节奏循序渐进地平稳推进（杨成湘，2018）。根据集体合同和集体协商的发展速度和任务重心的不同，改革开放以来，我国的集体合同和集体协商的历史演进及制度空间拓展大致可以分为以下三个阶段：

3.1.1.1　集体合同制度的恢复与集体协商制度空间的初步打开（1978～2005 年）

改革开放以来，随着经济体制改革的不断推进，我国社会主义市场经济体制逐步确立，在此背景下，经济组织的结构、劳动组织的形式、劳动者就业形式及分配关系等都发生了急剧而深刻的变化，同时，我国劳动关系随之也发生了根本性的变化——由国家劳动行政关系转变为市场化的劳动关系（乔建，2019；唐镳、刘华，2020），由此，迫切需要建立健全与社会主义市场经济发展相适应的劳动关系协调机制。同时，原有对国有企业工资的计划性管理手段逐步退出历史舞台，对于非公有制企业又迫切需要建立起符合市场经济体制要求的工资和劳动标准决定机制。在这种背景下，集体协商与集体合同应运而生。1992 年修订的《工会法》提出，工会可以代表员工与企业、事业单位行政方签订集体合同。1993 年，国家提出通过行业或企业的集体协商谈判确定工资水平增长的改革目标，1994 年，国家制定了《劳动法》和《集体合同规定》，确立了企业员工一方与企业就劳动报酬及多项劳动标准进行平等协商，签订集体合同的要求，1996 年，全国总工会成立了集体合同部，以推进集体协商和集体合同制度，并在北京、广东、福建、深圳、大连、成都、青岛等地选定 57 家外商投资企业和现代企业制度试点企业及基础条件比较好的少数国有企业作为集体合同签订试点单位[①]，由于只是在工会系统内部进行动员，当企业拒绝与企业工会集体协商时，工会没有强制措施，全国总工会的前期试点并不顺利（Clarke，2004）。1996 年，全国总工会联合相关部委下发《关于逐步实行集体协商和集体合同制度的通知》，在地方党委和地方政府的领导下，通过借助劳动部、国家经贸委、中国企业家协会等下属机构的力量，共同推进集体协商的试点推广。这一时期，有关工资集体协商的法律法规的颁布，以及相关部门的协力推进下，部分地区和部分企业范围内开始逐步试点推行，标志着我国集体合同制度进入一个新的发展阶段。自此之后的数年内，我国工资集体协商在企业中边试点边探索，有计划、有重点地逐步推广（王霞，2015），其覆盖范围缓慢扩展。

2000 年，劳动和社会保障部颁布的《工资集体协商试行办法》、2001 年修订的《工会法》及 2004 年劳动和社会保障部颁布的《集体合同规定》进一步完善了集体合同和集体协商制度，并且，在企业推进集体协商和集体合同工作的基础上，国家于 2003 年首次提出了开展区域性行业性集体协商、签订区域性行业性集体合同试点的要求。在这一阶段，由于市场经济制度确立伊始，市场机制还不完善，紧跟着市场经济改革的节奏和阶段需要，工资集体协商打开了局面，在探索中稳步推进，虽然集体协商规范空间得以打开，法律政策等供给逐步增多，但工资集体协商是在少数城市的少数企业中试点起步，工资集体协商的覆盖率及覆盖员工的人数还比较低，制度运行空间还比较有限。

3.1.1.2 集体协商的全面推行与制度空间的快速拓展（2006~2013 年）

这一阶段，企业工资集体协商的政策密度及推行力度都空前提升。2006 年 10 月 11 日，党的十六届六中全会通过《中共中央关于构建社会主义和谐社会若干重大问题的决定》，首次提出全面实行集体合同制度，以此为开端，我国工资集体协商在经过数年的经验探索和完善后，制度空间的拓展速度得以全面提速。随后，2007 年颁布的《劳动合同法》，以及地方人民代表大会和地方政府颁布的

---

① 资料来源：1994 年国家劳动事业发展年度公报。

集体合同法规，在进一步规范了集体合同和集体协商。2008~2009 年的《政府工作报告》中提到，将工资集体协商作为提高员工工资水平和保障员工工资正常增长的机制，并鼓励困难企业在全球金融危机背景下与员工进行劳动报酬协商。2009 年，全国总工会发布《关于积极开展行业性工资集体协商的工作指导意见》，2010 年，全国总工会第十次执委会提出"两个普遍"工作目标。2010 年，人力资源社会保障部、全国总工会、中国企业联合会/企业家协会联合下发了《关于深入推进集体合同制度实施"彩虹计划"的通知》，通知中提出"整体部署，依法推进，因企制宜，分类指导"的总体思路和原则，要求用 3 年时间基本在各类已建工会的企业实行集体合同制度的目标任务，同时，全国总工会联合相关部门制定了可层层分解的指标，集体协商建制及集体合同签订数量等指标被嵌入到各级政府的任务目标中，并建立定期汇报、联合督导等检查方案，与地方官员的政绩考核直接关联（闻效仪，2016；吴清军，2018），为了完成上级下达的指标，全国各地区同时加大了促进集体协商制度建设工作力度，并结合本地实际采取了多种措施推进集体协商，甚至为了使企业签订集体合同，地方政府会通过联合工商、税务等采用各种行政方式对企业进行监管，要求其签订集体合同（闻效仪，2013）。此外，2011 年，《人力资源和社会保障事业发展"十二五"规划纲要》强调以企业集体协商为主体，以行业性、区域性集体协商为补充，努力扩大集体合同覆盖面。这一阶段，我国集体协商的供给密度以及推行的强度和广度都得到空前的提高，《中国统计年鉴》数据显示 2010 年前后的几年，我国集体合同的签订量是 1994 年《劳动法》颁布以来的历史高峰时期，其中，最高签订量为 2012 年的 224.50 万份，并且，在某些经济发达的沿海城市集体合同的覆盖率空前高涨，以上海市为例，2010 年、2011 年、2012 年这 3 年集体合同的覆盖率分别为 60%、80% 和 90%（汤乃飚，2019）。由此，工资集体协商制度的规范空间大幅提升，并且，制度运行空间在短时间内也得到迅速的拓展。

3.1.1.3　集体协商提质增效与制度空间的纵深拓展（2014 年至今）

基于"国家主导"模式及"自上而下"的指标化的治理策略，我国集体协商得到快速的推进（吴清军，2012），并且，这种制度建构方式可以保持推行的稳定性和牢固性（雷晓天，2016）。但国内外学术界乃至全国总工会都有一个基本共识（闻效仪，2016）：我国集体协商质效亟待提高。为此，集体协商的制度空间以"提质增效"为目标，打破表面上"量"的繁荣，集中力量在"质"上进行纵深拓展。基于这一背景，理论界掀起了对我国工资集体协商改进的研究热潮，实践界也开始制定了相关政策，并采取了一系列的针对措施。

2014年，针对集体协商建制不平衡（焦晓钰，2014）[①]、质效不高、部分集体合同的质量不高（程延园2004；吴清军，2013；郑桥，2009；冯同庆，2012）等问题，全国总工会与相关部门联合下发了《关于推进实施集体合同制度攻坚计划的通知》，强调大力提升集体协商的实效性，并且，将非公有制企业作为重点工作对象[②]。同时，根据新时代广大员工对美好生活的多元化需求特征，全国总工会制定了《关于提升集体协商质量增强集体合同实效的意见》及《深化集体协商工作规划（2014—2018年）》。这些政策文件把提升集体协商质量、增强集体合同实效作为今后一个时期的工作重点，并制定了指标可量化和操作性较强的质效评估办法，这一时期，学界也对如何评估集体协商的质效问题进行了初步研究，谢玉华等（2017）认为，西方国家有关集体谈判质效的评价指标并不适用于我国的集体协商，她们通过质性研究的方法，构建了一套包含协商代表、协商程序、集体合同等多个维度的评价指标体系，并进行了应用研究。唐镤、嵇月婷（2019）基于杜邦分析法，也初步构建了一套企业工资集体协商的评估指标体系。

进入新时代以来，集体协商依然面临着形式化、质效不高等突出问题（林嘉，2016；胡翔，2018；张鸣起，2018；汤乃飚，2019；杨浩楠，2020）。为此，

---

① 焦晓钰（2014）通过对2006~2012年的不同地区企业工资集体合同签订的数量进行对比分析，发现工资集体协商的签订数量与各地区的经济发展水平息息相关，东部沿海地区领先于国内其他地区，尤其是中西部地区，整体上呈现地区间不平衡的发展格局。

② 之所以把非公企业作为重点对象，首先，是因为非公企业的占比高，并且多是中小企业，《中国统计年鉴》数据显示，2021年底我国企业总数为4842万户，其中99%是中小企业；其次，我国非公企业的工会和企业民主相比国有企业基础薄弱（王霞，2015），此外，中小企业老板对工资集体协商有增加人工成本的认知偏差，"不愿谈"的问题比较突出。

2015 年,《中共中央 国务院关于构建和谐劳动关系的意见》将推行集体协商和集体合同作为健全劳动关系协调机制的重要内容;2017 年,党的十九大报告提出,完善政府、工会、企业共同参与的协商协调机制;2022 年,党的二十大报告指出,中国式现代化是全体人民共同富裕的现代化。推进共同富裕是当前国家发展的基本任务之一,而工资集体协商是实现共同富裕的重要途径之一(唐鑛、杨振彬,2022),在此背景下,工资集体协商提质增效的任务更为紧迫,集体协商制度空间纵深拓展需要持续推进。

3.1.2　企业工资集体协商的特点及制度空间拓展的基础与动力

3.1.2.1　企业工资集体协商的主要特点

虽然,集体协商源于集体谈判,是市场经济发展的产物,但是,我国的集体协商与西方的集体谈判存在着较大的差异,经过数十年的实践发展,我国企业工资集体协商的特点日益明显,归结起来,其特点主要有如下几方面:

首先,企业工资集体协商是具有社会主义性质的劳动关系协调机制[①]。劳动关系是生产关系的重要组成部分(易重华,2019)。常凯(2017)认为,需要在国际比较的视野下来研究中国劳动关系的特色。中国特色的劳动关系是社会主义性质特定的历史文化传统、经济等多种因素共同决定的(杨成湘,2019)。劳动关系的社会主义性质也决定了我国集体协商机制从建立之初就与西方集体谈判存在不同的逻辑,它蕴含着"协商共事、机制共建、效益共创、利益共享"[②] 的价值追求。集体协商双方的根本利益具有一致性,只是在具体利益诉求上有所差别(谢玉华,2020)。

其次,在中国特色劳动关系协调中,强调坚持中国共产党的领导(杨成湘,

[①]　2015 年 4 月 8 日,《中共中央 国务院关于构建和谐劳动关系的意见》中将劳动合同制度、集体协商与集体合同制度及劳动关系三方协调机制等统一归为我国劳动关系协调机制。

[②]　《中共中央 国务院关于构建和谐劳动关系的意见》中强调要"坚持共建共享原则",即要"推动企业和员工协商共事、机制共建、效益共创、利益共享"。

2019)。当前，我国已形成了"党委领导、政府负责、社会协同企业和员工参与及法制保障的劳动关系治理格局"（唐鑛、嵇月婷，2019），主要体现在：宏观层面上，坚持发挥总揽全局、协调各方、层层部署的核心作用；微观层面上，国有企业的工资集体协商中发挥领导和统合作用。在集体协商推进过程中，对思想和组织领导，并非直接参与集体协商，因而，并没有改变集体协商由企业方和员工协商的基本格局（唐鑛、嵇月婷，2019）。

再次，企业工资集体协商的主体之一——工会具有中国特色。无论是西方的集体谈判还是中国的集体协商，工会都是主要的参与主体。在西方的集体谈判中，工会代表工人的利益。在我国，工会的角色是一种"双重属性"（吴清军，2018）。从中国工会的性质、职能中不难得知，工会在企业中扮演"双重"（徐小洪，2010；谭泓，2015）甚至"多重"角色（陈维政，2016），企业基层工会不仅是员工利益的表达者和维护者，也是企业生产秩序的维护者，还是国家政策的维护者，由此可以看出，在市场经济转型的大背景下，我国工会在国家、企业和劳动者之间扮演着多重角色（乔健，2008）。我国工会的"双重"属性在集体协商中体现得尤为明显（吴清军，2012），工会在代表国家利益的同时又要扮演员工代表的角色，此外，因为基层工会多依附于企业行政方，所以企业基层工会在集体协商中往往扮演着劳资双方之间"说和人"的角色（孟泉，2013）。而在企业层级的集体协商中，如果无法推进，则往往采取"上代下"的要约模式，在有些地方，上级工会甚至不是简单地指导企业工会开展工资集体协商，而是直接参与集体协商，并且，在集体协商出现劳资争议时，工会又会以"第三者"的身份进行调节（吴清军，2012）。

复次，企业工资集体协商蕴含了我国特色传统文化基因。我国历史文化底蕴深厚，深受传统"和合"思想影响（海群，2022）。"和合"思想体现了"和而不同"的思想内涵，也是我国协商民主形成的历史文化基础（王黎黎，2021）。在传承文化传统的基础上，在不同利益诉求和不同文化背景的群体之间，易于达成协商共识。中国传统的劳动关系调整模式中有很多和谐、合作的元素，传统上处理纠纷也强调和为贵、和为先（程延园，2011），从现实来看，完全对抗式的协商只会造成大面积的罢工，最终，对劳资双方都产生不利影响。集体协商的重点在于不断完善集体协商的准备工作，在充分的调查分析基础之上，协商代表充分考虑双方的诉求，对诉求的合理性加以判断，在经过多轮磋商后，以书面的形式确定协商成果，自然可以在一定程度上避免"严重的对抗"，甚至是"冲突"（唐鑛、嵇月婷，2019）。

最后，我国企业工资集体协商形成及推进方式具有自身特色。西方的集体谈判是在长期的劳资斗争中被动形成的文明成果，而我国企业工资集体协商制度是在借鉴这一文明成果的基础上自主设立的，我国在政府主导推动且总体可控的前提下，通过劳资之间平等协商（集体协商）来平衡劳动关系（谢玉华，2011）。

政府是劳动关系的特殊主体，鉴于我国劳动力市场还不够规范、劳资双方的发育程度不成熟，所以政府在劳动关系中的地位应该被强化（常凯，2004）。肖竹（2014）同样也认为，在集体劳动关系中，政府主导符合我国的现实，是一定时期内我国的制度选择（肖竹，2014）。我国的集体协商是在借鉴西方集体谈判的基础上，由政府自上而下推动的制度变迁（谢玉华，2012；杨成湘，2021）。政府主导推动是我国集体协商的主要特征之一（闻效仪，2016；杨成湘，2021），并且是"国家主导"的、"自上而下"的、"指标化"的推进方式和治理策略（吴清军，2012）。不过，近年来，在"自上而下"国家推动方式之外，也出现了"自下而上"员工自发形成的推动方式（常凯，2013；杨正喜、杨敏，2013；段毅、李琪，2014；冯同庆，2012；闻效仪，2016），工资集体协商在"多重力量推动"下，呈现多元化的实践类型（闻效仪，2017，谢玉华，2020；孟泉 2020)①。

---

① 闻效仪（2017）将我国工资集体协商的实践类型划分为国家主导型、工人主导型、雇主主导型和工会主导型，其中，国家主导型是全国范围内最主要的类型，工人主导型主要分布在沿海地区，雇主主导型主要分布在长三角地区，工会主导型主要分布在珠三角地区；谢玉华（2020）认为，我国同时存在着集体协商与集体谈判，并将我国的集体协商与集体谈判划分为嵌入型集体协商、劳资参与型集体协商、争端解决型集体谈判和可持续型集体谈判；孟泉（2020）将我国的集体协商划分为参与型、博弈型、咨询型与表达型。

3.1.2.2　我国企业工资集体协商制度空间拓展的基础与动力

与西方国家集体谈判不同（杨成湘，2018），我国的工资集体协商之所以能在较短的时期内建立并快速发展，需要客观的制度基础与强力以及可持续的动力。Shen 和 Benson（2008）等国外学者普遍认为，政府和工会是我国工资集体协商的主要推动力量，通过对国内外文献的梳理，本书认为，除了政府和工会在我国工资集体协商制度空间拓展的主要动力，国家发展市场经济的目标，以及市场经济运行环境中的工资分配改革、劳动争议、产业转型升级、劳动力市场供求变化等因素也是工资集体协商发展的内外部诱因之一。

首先，市场经济的建立和发展为我国企业工资集体协商提供了物质基础和主要发展动力。我国工资集体协商制度空间拓展的基本"土壤"是市场经济制度，市场经济是我国社会主义经济体制改革的宏观长远目标。市场经济国家基本都用集体谈判来调整劳动关系（常凯，1994；石美瑕，1994；王文珍，1995；程延园，2003）。不难看出，市场经济的产生和发展是西方国家集体谈判的条件和动力。由于我国集体协商源自西方市场经济国家的集体谈判（闻效仪，2017），故此，工资集体协商制度空间拓展也与我国市场经济的建立和发展有着"天然"的联系，进入市场经济后，国家通过劳动关系和契约化、劳动关系三方协调机制及企业工资集体协商的建设来对劳动关系领域进行制度建构，以适应市场经济下劳动关系的调节需要（Clarke et al.，2004）。市场经济制度的建立和发展不仅为我国工资集体协商的发展培育集体协商的主体——企业和员工，而且，在计划经济到市场经济转型中，工资改革及初次分配失衡、劳动关系市场化转型、劳资矛盾的显性化造成了劳动争议增多[①]（见图 3-2）、劳动力的市场化配置及就业质

[①]　吴清军（2012）认为，自 1994 年集体合同和集体协商制度正式确立以来，真正推动集体协商这项工作的时期与我国两次劳动争议数量的高峰时间有着高度的吻合，第一次是 21 世纪初期，因为市场经济的不完善和不规范发展，使得劳资矛盾加剧，劳动争议增多，为解决这一问题，国家修改了《工会法》、制定了《工资集体协商试行办法》和《集体合同规定》，由此产生了集体协商发展史上的第一个高峰期；而 2008 年金融危机爆发后，我国劳资矛盾再次集中爆发，劳动争议增多，这一时期，我国《劳动合同法》颁布实施，同时又开始了"两个普遍"及"彩虹计划"等推进集体协商发展的措施和行动，由此带来了工资集体协商发展的第二个高峰。

量不佳（焦晓钰，2014）等问题，这些问题的存在既是工资集体协商供给的直接诱因，也是工资集体协商制度空间拓展的原动力所在。此外，近年来，随着市场经济的不断发展，我国的市场环境也发生了较大变化，一方面，经过几十年的发展，在全球化的背景下，我国的产业结构不断转型升级（颜色等，2022），在产业的转型过程中，一些落后产业和产能被淘汰，为了平稳过渡，顺利转型，需要将工资集体协商作为缓冲机制，同时，产业转型也派生出对高素质稀缺人才的需求，这些高素质人才因其稀缺性而具有较高的工资议价能力，对工资集体协商也有一定的需求；另一方面，2012 年开始，我国劳动年龄人口和比重不断下降，并且，在 2018 年我国就业人口也首次下降（杨成湘，2019），随着人口红利①的消失（李刚、林曼，2013），劳动力市场的供求结构也在发生变化，局部地区时常会出现"招工难、用工荒"（魏巍、王林辉，2017）问题，同时，在全球化、民主化背景下，劳动者的民主意识和权利意识也在增强（常凯，2013），这些情形的出现促使企业主动重视工资集体协商（吴斌、吴荻菲，2016），为工资集体协商的运行空间提供了间接动力。此外，近年来，数字经济、平台经济的发展催生了大量的新组织形态的企业，也催生了大量外卖配送员、快递员、电商主播及网约车司机等新就业形态劳动者，据权威数据统计（见图 3-1），2015年以来，互联网平台相关的新就业形态劳动者数量不断攀升，这些新就业形态劳动者的工资福利等合法权益保护诉求也诱致了集体劳动权需超越劳动关系的模糊界限（班小辉，2020）及工资集体协商在以物流为代表的新行业领域的制度空间拓展②。

---

① 人口红利是由 Bloom、Canning 和 Sevilla（2001）提出，人口红利概念提出以后，国内外学者也对此进行探讨和研究，综合国内比较主流的说法，本书所指的人口红利是：在一国的人口结构中，劳动年龄人口占比高、人口抚养比较低，这种人口结构有利于经济的增长。

② 根据全国总工会资料，2021 年 11 月 26 日，京东集团首次集体协商会议召开，京东物流公司的员工方代表和企业方代表就薪资待遇、福利保障、安全保护等五个方面现场开展协商，并最终达成一致，形成了《京东物流集体合同（草案）》。

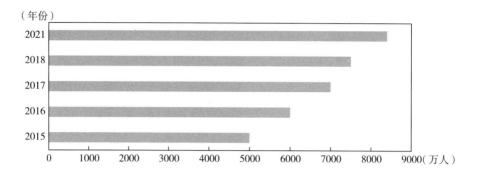

图 3-1　近几年我国新就业形态劳动者数量情况①

其次，工会的职能转变及组织人才队伍的建设，为我国工资集体协商制度空间的拓展提供了组织基础及可持续的动力。在一元工会的体制下，全国总工会及其领导下的各级工会组织成为代表员工进行集体协商的主体（田野，2004）。改革开放以来，伴随着我国政治经济体制改革，以及劳动关系的市场化转型带来的劳资矛盾突出等问题，我国工会先后进行了四次重要的改革②（吴建平，2021），工会职能不断转变，加之工会组织与人才队伍建设，不仅使我国集体协商的相关立法日益完善，制度规范空间不断拓展，而且使集体协商的覆盖率得以大幅提升（见图 3-2），由此，集体协商制度的运行空间也得以不断地拓展。具体来讲，一方面，市场经济确立以来，我国全国总工会积极推动集体协商相关的立法和政策

---

① 资料来源：根据《中国分享经济发展报告（2015）》《中国分享经济发展报告（2016）》《中国分享经济发展报告（2017）》《中国分享经济发展报告（2018）》及全国总工会 2022 年 7 月 29 日新闻发布会相关数据整理而得。

② 第一次改革是在改革开放初期，主要是理顺工会与党和政府的关系及工会与员工群众的关系，其最大成果是改变了计划经济时期工会以生产为中心，兼顾生活、教育和民主管理的职责，提出了建设、参与、教育和维护等工会的四项基本职责；第二次改革是市场经济建立初期，此次改革的最大特点是突出了工会的维护职责，并将其写入 2001 年修订的《工会法》，此次改革另一个特点是借鉴西方的劳动关系协调机制，积极推广集体协商和集体合同制度、劳动关系三方协调机制等；第三次改革发生在市场经济完善时期，此次改革的亮点是提出了中国特色社会主义工会发展道路，此次改革更强调党政领导及其社会化维权模式；第四次改革是在新时代之后，此次改革尚在进行中，其特点是更加强调我国工会的政治属性，重要任务是解决基层工会组织薄弱及缺乏活力问题，以增强工会的群众性，在职责上开始提出维护与服务并重。

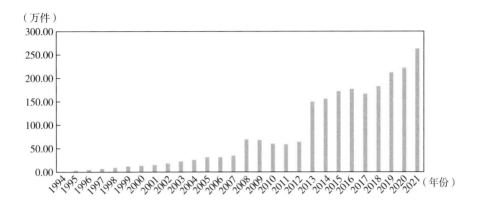

图 3-2　1994~2021 年我国劳动争议案件受理数量①

制定②，为集体协商创造了良好的法制基础和法治空间；另一方面，我国工会在立法中逐步把维护职能作为基本职能③，把代表员工参与企业工资集体协商作为工会工作的重要内容。此外，工会还不断加强组织建设和人才队伍建设，工会的建会率持续提升，专员工会工作人员队伍不断壮大（见图 3-3、图 3-4），塑造了集体协商的主要推动主体和参与主体——各级工会组织，在工资集体协商中，全国总工会负责制定规划、监督推进，地方工会则是配合统筹，企业工会则是负责组织协调和推进协商（吴斌、吴荻菲，2016）。改革开放以来，特别是市场经济建立以来，我国劳动关系发生了市场化转型，转变为市场化下的劳动关系，在劳动关系市场化转型过程中企业和员工之间的利益格局由一元走向多元，劳资矛盾不断显现。在此背景下，我国工会开始扮演参与劳动关系治理的角色（吴建平，2021），我国工会开始兼有多重身份——工人利益代表者和维护者、把员工群众团结到党和国家周围的桥梁和纽带、企业劳动关系和谐构建的重要参与者。

---

① 资料来源：根据历年《中国劳动统计年鉴》和《中国工会统计年鉴》等资料整理而得。

② 全国总工会推动了国家层面的《劳动法》《工会法》《工资集体协商试行办法》《集体合同规定》《劳动法》等法律法规的制定与实施，地方总工会也推动了地方人大常委会及政府制度工资集体协商相关的法规和政策。

③ 2021 年新修订的《工会法》中将工会的基本职能表述为"维护和服务"。

改革开放以来，中国工会在不断进步，并在推进企业工资集体协商的发展中发挥重要作用（Chen，2009）。工会的职能转变及组织人才队伍的建设，为我国工资集体协商制度空间的拓展提供了组织保障条件及可持续的动力。

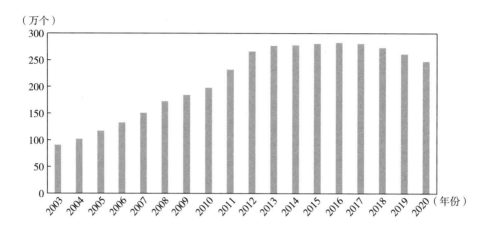

图 3-3　2003~2020 年我国基层工会组织数量①

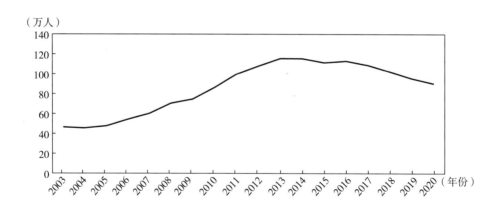

图 3-4　2003~2020 年我国专职工会人员数量②

---

①② 资料来源：根据历年《中国劳动统计年鉴》和《中国工会统计年鉴》等资料整理而得。

最后，国家立法完善和劳工政策调整为企业工资集体协商的发展提供了规范空间，而国家主导的自上而下的推动和指标化治理为企业工资集体协商的发展提供了直接动力，不断在横向与纵向上拓展企业工资集体协商运行空间。Commoms（1905）等国外学者都认为，西方国家集体谈判实施的重要前提是立法。对此，国内学者杨冬梅（2011）也表示认同，认为加强和完善工资集体相关法律法规，是工资集体协商机制能推进和完善工资集体协商的前提和基础。改革开放以来，我国在集体协商的相关立法上，不断探索、丰富和完善。从立法层级上，既有国际层级的《劳动法》《劳动合同法》《工会法》等法律，也有《工资集体协商试行办法》《集体合同规定》及地方人大及制定的行政法规与政策；从立法内容上，不仅有集体协商的实体性规定，也有集体协商的程序性规定；从适用范围上，基本涵盖了我国各地的各类企业。这些集体协商的立法不仅为工资集体协商的立法提供了规则和依据，并且不断拓展了工资集体协商的制度空间（见图 3-5）。此外，与西方大多数国家只在集体谈判中负责法律制定和争议解决的角色不同（闻效仪，2016），在中国集体协商中，党和政府是推动集体协商制度的主要动力（Warner & Sek-Hong，1999），政府除了负责制定法律和争议解决，还大力推广

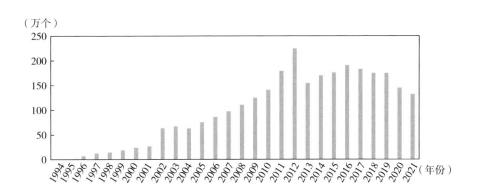

图 3-5　1994~2021 年我国集体合同签订数量①

---

① 资料来源：根据历年《中国劳动统计年鉴》和《中国工会统计年鉴》等资料整理而得。

集体协商，并将集体协商的覆盖率作为对政府的考核指标之一，层层分解，强力推行，地方为了完成上级指标，采用多种策略，比如要约行动、劳动监察、扩大行业性、区域性工资集体协商等（吴清军，2012）。甚至有些地方政府直接介入到企业工资集体协商的筹备启动、协商商谈等流程中，进行干预和控制（王黎黎，2014）。正是在政府的强力推动下，我国的集体协商才得以在短短的几十年时间内将制度的运行空间快速地打开，并持续地拓展。

3.2 演化发展：企业工资集体协商组织场域的形成、演化与特征

通过对我国企业工资集体协商的沿革、主要特征、制度空间拓展及其基础与动力的梳理，基于组织场域的理论分析框架，对我国企业工资集体协商组织场域做如下理论分析，以对该场域的形成、演化、特征及有待解决的问题进行明晰，并为本书后续部分提供基础与支撑。

3.2.1 企业工资集体协商组织场域的形成与演化

如本书第 1 章所述，组织场域被认为是由一系列受相同制度影响的组织所构成的、明确的组织范畴，处于组织场域中的组织彼此存在差异且互为依赖（DiMaggio & Powell，1983）。基于组织场域的理论基础，并结合本章第一节对我国工资集体协商的演进、主要特征、制度空间拓展的条件与基础的梳理与分析，可以判定，我国企业工资集体协商组织场域是客观存在的，并需要一定的形成条件，同时，组织场域也因内外因素的变化而进行动态的演化。

基于组织场域的理论（见图 3-6），不难判定，我国企业工资集体协商本身适应市场经济发展及国家治理的需要，在劳动关系领域，旨在将劳资双方纳入法

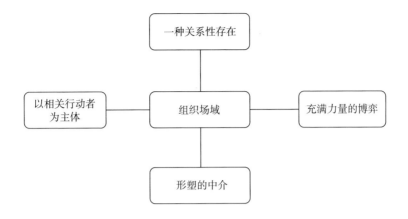

图 3-6　组织场域的一般特征与功能①

律的框架内，使二者的行为能够法制化和契约化（程延园，2011；吴清军，2012）。从初衷看，是一种劳资双方"协约自治"式的劳动关系协调机制，企业工资集体协商的参与主体应该主要是企业方和劳方（工会），且双方主体都是独立、平等的。而我国基层工会的"代表性"和"独立性"不够（程延园，2004；金红梅，2012；石晓天，2012；王海峰，2016），实践中存在"资强劳弱"的情况（程延园，2005），当企业拒绝与工会进行集体协商时，工会没有强制措施，全国总工会前期试点并不顺利（Clarke，2004）。为了扭转这种局面，我国企业工资集体协商，需要在各级政府和各级总工会的帮助下才能得以推行和运转（吴清军，2012）。在这种情形下，我国企业工资集体协商的实际参与主体不仅只有劳方（企业工会）和企业方，还有地方工会和地方政府，在企业工资集体协商的建制、运行中，各主体分别扮演着不同的角色，且也有不同的行动目标与行动策略，各主体之间围绕工资集体协商进行互动，存在着多重利益的博弈（吴延

---

① 图 3-6 是在总结组织场域理论相关资料的基础上，由本书作者整理而得。具体来讲，实际上，各种场域都是关系的系统，场域是一种关系性存在，同时，场域也是特定社会空间中各行动者建构的相互关系网络，任何场域的存在的决定因素是在场域中存在并活动的行动者在行动过程中所形成的关系网络。此外，场域是场域中的行动者与所嵌入的周边经济社会环境的中介，对于场域中的行动者，场域会产生外在的影响，同样，场域内的行动者也会通过场域对周边的经济社会环境产生一定影响，由此，起到形塑中介的作用。最后，场域中的组织等行动者基于不同的制度逻辑和行动策略进行着博弈。

溢，2013），在这个过程中，有合作，也有冲突，并形成不同的关系网络。所以，我国企业工资集体协商的组织场域存在一个法律设计上的组织场域和一个实践中客观存在的组织场域，二者的关系是目标与现状的关系。其中，法律的目标场域是基于劳资协约自治、平等独立的均势场域（见图3-7），而实践中的组织场域是多方主体参与的、劳资双方力量不对等的非均势场域（见图3-8），并且，实践中的场域也在不断朝着目标的模式进行演化，场域的运行及演化中对其中相关行动者——企业、企业工会、地方政府、地方工会、劳动者等主体及主体之间的权利结构、资源配置及利益博弈关系进行形塑。

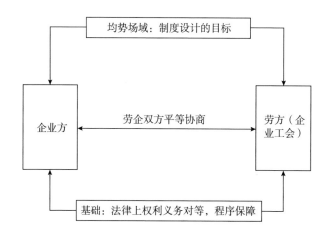

图3-7　企业工资集体协商制度设计上的均势场域①

3.2.2　企业工资集体协商组织场域的主要特征

在市场经济国家，缔结集体合同是劳资自治的经济行为，劳资双方通过集体力量博弈，用谈判的方式来处理经济诉求（闻效仪，2016）。在企业工资集体协商设计的均势场域中，劳资双方基于"协约自治"所进行平等协商是一种比较接

---

① 图3-7是在综合工资集体协商相关法律及组织场域相关理论的基础上，由本书作者归纳所得。

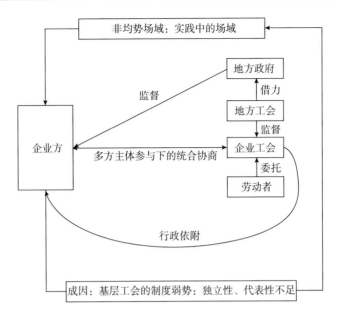

图 3-8 企业工资集体协商制度实践中的非均势场域①

近西方集体谈判价值内核的模式，但当前及今后很长一段时期内，由于经济、社会和文化等环境，企业工资集体协商的运行只能是在国家主导和地方政府统合下，由企业方、企业工会、劳动者等多方主体参与的统合协商模式。这种模式与制度设计的初衷存有一定的差异，但也是一种比较现实的过渡模式（王黎黎，2018），对此情形下形成的组织场域需要进行充分的解构与分析，而不能直接用西方国家集体劳资谈判博弈的模型（见图 3-9、图 3-10）来分析我国现阶段企业工资集体协商的运行实践，而应该立足于我国企业工资集体协商的场域，以民主协商的方式进行工资福利标准的确定（统合协商模式）。我国的企业工资集体协商与西方的集体谈判的组织场域有着诸多的不同之处，虽然，现有的文献中还没有关于西方集体谈判组织场域的相关研究，但基于场域的理论不难得知：首先，在西方国家企业层面的集体谈判中，直接参与主体是劳方和资方（工会）；其次，工资集体谈判是建立在"劳动三权"的基础上，场域中行动主体相对较

---

① 图 3-8 是在综合工资集体协商相关法律及组织场域相关理论的基础上，由本书作者归纳所得。

少，并且，二者的关系是对抗式的博弈，集体谈判场域的内在结构与我国企业工资集体协商有着较大的不同。

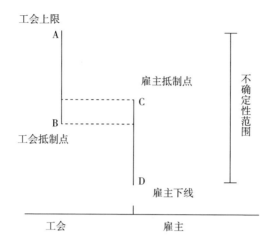

图 3-9　庇古（Arthur Cecil Pigou）的范围理论模型①

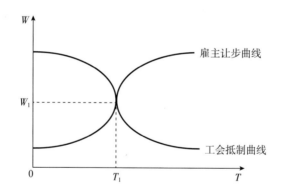

图 3-10　希克斯（John R. Hicks）的谈判模型②

通过上述对我国工资集体协商形成、演化及内在结构的分析，可以发现，我国企业工资集体协商实践中的场域同制度设计的目标场域及西方集体谈判的组织场域都有很大的不同，呈现出诸多特征。

首先，从我国工资集体协商组织场域中的行动主体看，主体多元性特征比较

①②　资料来源：沈琴琴、吴亚平．工会管理理论与实务［M］．上海：复旦大学出版社，2011.

明显，由于行动主体的不同，主体的行动策略（组织策略）也存在多样性，究其原因，是由于场域中存在着多重制度逻辑，不仅在形塑各个主体之间的互动关系时呈现复杂性（制度逻辑、组织决策、互动关系的理论解释见图 3-11、图 3-12），而且，不同行动主体在围绕工资集体协商的互动中，因观念、利益、行动方式等方面的差异，不可避免地产生张力，由此，在场域中管理不同制度逻辑之间的张力，不仅十分必要，而且难度也相对较大。

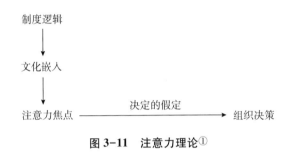

图 3-11　注意力理论①

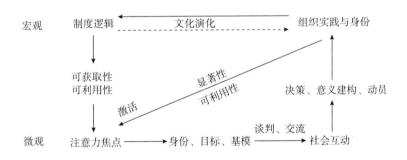

图 3-12　制度逻辑的跨层分析模型②

　　① Thornton 和 Ocasia（1999）及 Thornton（2004）推导了制度逻辑对组织行为（组织决策及行动），即组织场域中行动者的制度逻辑通过文化嵌入，其有限的注意力被主导的制度逻辑所结构化。
　　② Thornton 等（2012）在注意力理论的基础上提出一个宏观和微观相结合的制度逻辑跨层分析模型。在这个模型中，制度逻辑通过文化嵌入，剖析哪些问题制度关注，以及应考虑哪些解决方案，重点关注行动者的注意力分配，从而激活设定情形下的身份、目标和基模，进而，共同形塑行动者之间的互动，而社会互动作为组织实践、身份和制度形成变迁的基础，并通过决策、意义建构与动员机制，促进组织实践与身份的转型（桑顿，2020）。

其次，我国尚处在转型期，政治、经济和社会等外在环境因素处在不断的变化之中，对中国工会、集体协商及劳动关系的研究也需要置于转型期的背景中（吴建平，2012；闻效仪，2016）。场域作为连接外部环境和内部行动者的中介，其随内外部因素变动的动态演变特征也相对明显。故此，在分析我国企业工资集体协商的组织场域时，需要将其置于经济和社会的外在大环境中，既要有某一时间点或时间段内的静态分析，也要有具有一定时间跨度的动态分析，这样才能更立体、系统全面地掌握我国企业工资集体协商运行环境的全貌。

最后，我国集体协商的实践整体上以国家统合模式为主，但也存在着多元化的实践模式类型，而在不同的实践模式中，场域的内在结构、空间和时间边界①也存在差异，由此，我国企业工资集体协商的组织场域在"大同"（如场域的组成要素等）的同时，也存在着"小异"（如具体的互动行为等）。因此，对我国企业工资集体协商组织场域的研究，既要有着眼于一般规律的研究，也要有针对不同模式特殊规律的分析，这样在实践中才能避免"一刀切"的情况出现，而提高决策和实践的精准度。

3.3　本章小结

通过对现有国内外研究现状的分析可知，从组织场域的视角对西方集体谈判和我国集体协商的研究尚处于空白状态，本书引入组织场域的理论框架，并结合我国工资集体协商有关文献资料，初步剖析了集体协商的形成基础与演化发展脉

---

① Scott 和 Davis（2007）认为，组织场域和所有社会系统一样，是一个开放性的系统，场域的边界各有不同，但因为社会系统包括很多要素，分析者必须选择各种重要指标才能确定组织场域的边界，组织场域的边界包括时间边界和空间边界，所谓空间边界是指行动者都在特定的空间中，具有物理上的接近性，在同一地方空间中运行，是取得成功的关键。而时间边界即对组织的场域的研究必须确定一个适当的时间框架。

络，从外部形态和逻辑结构上对我国企业工资集体协商的组织场域中的行动者及其关系有了一个基本的认知。但是这些还停留在表面上。因为，根据组织场域理论，在不同的场域中都有不同的制度逻辑支配（Friedland & Alford，1991），其内容各异，尤其是相关的假设和信念迥异，渗透能力也不一样（Krasner，1988）。并且，场域中的行动者在场域中的行动都是有着内在制度逻辑，企业工资集体协商中的众多行动者所遵循的制度逻辑必然也是多重的，在此组织场域中，它们相互之间的张力又是不可能避免的，而这些张力的存在势必会影响各个行动主体的关系结构，最终影响企业工资集体协商的运行过程和结果，因此，识别企业工资集体协商中的"隐性的"多重制度逻辑及张力，并对张力进行有效管理是有待进一步解决的问题。在本书的后续章节中，通过相关研究，力图打开这些"黑箱"。

第4章　企业工资集体协商组织场域中多重制度逻辑的识别：扎根分析

如本书第 1 章所述，制度逻辑是组织场域的关键组成要素之一，组织场域是制度逻辑的运行空间。在组织场域中，组织、个体等行动者是一种或多种制度逻辑的"携带者"（Carrier），组织、个体等行动者长期嵌入其中，这是一种常态（Besharov & Smith，2014）。第 3 章在对我国企业工资集体协商组织场域的形成基础及演化发展分析的基础上，本章将对企业工资集体协商组织场域中所"隐含"的多重制度逻辑进行识别和分析。本章的具体研究内容包括：①企业工资集体协商组织场域中有哪些制度逻辑？②企业工资集体协商组织场域中多重制度逻辑的关系如何？③多重制度逻辑的存在对企业工资集体协商有何影响？

4.1　研究设计

4.1.1　研究方法的选择

如果某一理论的研究已经比较成熟，已经得出比较充分的研究和阐释，在研究方法上应选取量化研究的设计予以验证，而如果研究相对不成熟的理论则宜选择质性研究的方法进行更进一步的探索（王璐、高鹏，2010）。通过梳理国内外现有的研究发现，从组织场域视角对西方集体谈判和我国集体协商的研究尚处于空白状态，并且，有关企业工资集体协商组织场域中制度逻辑的研究，目前能检索的文献也仅有 1 篇[①]，所以，有关我国企业工资集体协商组织场域中制度逻辑的理论研究还是亟须探索和建构的领域。此外，现有的其他领域有关研究也多以理论推演和案例研究为主，有关概念的相关界定尚需进一步的探讨。鉴于这一现状，本章在研究方法上选择扎根理论，并围绕本章的研究问题对案例企业的相关质性资料进行分析。

扎根理论（Grounded Theory）是质性研究领域的一个经典方法，由 Barney Glaser（统计实证主义）和 Anselm Strauss（符号互动论）两位学者于 20 世纪 60 年代提出。扎根理论方法的主要目标是理论发现而非理论证实，理论产生的来源是经验资料，从资料中抽象出的理论方法来自对特例的比较分析。与传统的芝加哥学派质性研究不同的是，扎根理论强调理论形成的过程是一套更加严密、连贯的方法论规则或标准（Glasser & Strauss，1967）。扎根理论有一种潜能去比较和对比实证结论和其他理论之间的抽象理论，在理论发展的某些阶段运用已有的理论可以对所抽象出来的理论内容进行"挑战"。与此同时，扎根理论采用一种纯粹的归纳方式，存在着一种明显的"知识隔离"风险。所以，理论发展应该采取整合和合成的方式（见图 4-1）。

对所收集的质性资料按照扎根理论的编码[②]（Coding）程序（见图 4-2）进行分析。每一个操作步骤中的主要内容是：

第一步：开放性编码（一级编码）。这一阶段主要是对数据资料进行首轮的解读，也即是抓其中的关键词或者给数据资料贴标签，以形成初步的概念和基础范畴。

---

① 查萱琪等（2022）以《基于制度逻辑视角的中国工会改革路径分析研究》为题，首次对中国工会的制度逻辑进行了分析。

② 扎根理论从资料出发来创造范畴，被称为编码（Coding）。

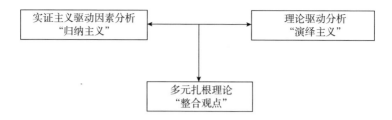

图 4-1　采用归纳和整合方式的扎根理论①

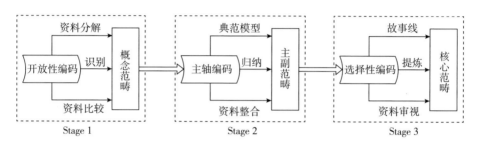

图 4-2　扎根理论的编码环节操作程序②

第二步：主轴编码（二级编码）。主要是在上一环节开放性编码的基础上，通过备忘录来系统回顾概念的形成及维度，对初始概念、基础范畴进行分析和聚类，分析主要范畴之间的关联，也可以按照范例模型的方式来展现主范畴之间的逻辑关系。

第三步：选择性编码（三级编码）。提炼核心范畴，构建"故事线"，将数据资料与已有理论进行互动，以构建新理论或者对原有理论进行发展。

4.1.2　数据来源与收集过程

本书选择了我国长三角、珠三角、中部和西部等几个区域的不同行业展开集体协商研究，并且集体协商建制时间在五年以上的企业作为样本企业，采用访谈、参与观察及查询档案资料的方法进行原始资料的收集。

---

① 图 4-1 由本书作者根据相关理论整理而得。

② 图 4-2 由本书作者根据扎根理论的编码理论整理而得。

4.1.2.1 文本取样

本书所用的抽样方法是定性研究中的理论抽样（Theoretical Sampling）方法（Glaser & Strauss，1967；Eisenhardt，1991）。之所以采用理论抽样，主要是因为，与统计抽样相比，理论抽样是有计划地选择特定的样本进行现有理论的拓展，而不需要刻意去选择最能代表母本的样本来进行研究和分析。并且，理论抽样除了要考虑样本的特殊性和典型性外，还要考虑所选的样本组合是否有助于具有发展理论的潜力（郑伯埙、黄敏萍，2012）。基于此，本书在选择研究样本时，充分考虑了当前我国企业工资集体协商所面临的问题，即很多企业虽然签订了集体合同，集体协商过程还需要被重视，以及集体合同的后续运行情况，因此，也就无法对其集体协商组织场域中制度逻辑进行研究，所以，存在这些问题的企业被排除在本书所选的样本之外。此外，本书在选择样本时还考虑了企业工资集体协商的地域性、行业性及企业性质的差异，在参与国家有关单位开展的工资集体协商课题项目的过程中，借助课题组的力量，从长三角、珠三角、中部和西部几个区域的不同行业中选择了真正开展集体协商①的样本企业，所选的 11 家样本（见表4-1）企业的工资集体协商从无到有，从不完善到完善，经历了比较完整的发展周期，可以对本书的拟要研究问题进行纵向的②、立体的、系统的研究。

表 4-1　样本企业基本情况

样本企业名称	企业性质	所属行业	所在地区
GG 公司	国企改制	音响制造	广东省广州市
OB 公司	私企	皮具制造	广东省广州市
WZ 公司	私有	电气制造	湖北省襄阳市
DH 公司	国有	汽车零部件	江苏省南京市

---

① 关于是否真正开展企业工资集体协商的判断标准主要包括：是否有具体的协商过程，协商的结果是否具有实际的意义。在进行这些标准的判断时，当地政府和地方工会给予了大力支持，所选样本企业开展企业工资集体协商的真实性均有据可循。

② 所谓纵向研究，可用于分析事物历经时间变化的动态规律及背后的动力机制（Nicolaj Siggelkow，2008），本书对样本企业的工资集体协商从建制到运行机制成熟完善的整个实践过程进行动态的分析。

续表

样本企业名称	企业性质	所属行业	所在地区
DF 公司	合资	汽车制造	广东省广州市
DB 公司	国企改制	生物制品	内蒙古自治区包头市
QG 公司	私有	食品加工	湖北省宜昌市
AJ 公司	台资企业	化妆品制造	广东省广州市
DK 公司	外资	制造业	广东省东莞市
SL 公司	外资	电子产品	广东省深圳市
FS 公司	合资	物流	广东省广州市

4.1.2.2 数据收集

本书所用的资料主要是通过访谈、参与观察及档案资料三种方法进行收集，其中既有一手资料也有二手资料，并将二者进行结合，如表4-2所示。通过多样化渠道获取的数据资料，比较有利于构建"证据三角形"，同时也利于对研究数据进行彼此之间相互补充和检验，从而，可以提升研究的信度与效度（Eisenhardt，1991）。

表 4-2 资料收集情况

收集方式	资料来源	资料获取目的	编码
参与观察	协商准备	了解集体协商开展的真实情况	C1
	协商会议	了解集体协商开展的真实情况	C2
	职代会审议集体合同草案	了解集体协商开展的真实情况	C3
开放式或半结构访谈	地方政府有关部门、地方工会	掌握政策导向、目标与措施	F1
	企业行政方、企业工会	了解其动机、目标、行动策略等	F2
	员工代表	了解其预期，对过程及结果的感受	F3
档案资料	地方政府和地方工会的政策目标，政策材料、工作计划、工作总结及新闻报道等	掌握政策出台的背景和过程	D1
	企业工会和企业方有关集体协商建制、协商准备、协商过程及职代会审议集体合同草案的会议纪要	掌握决策背景和实施过程情况	D2

（1）访谈

徐世勇等（2014）认为，半结构化的访谈有利于与被访谈对象进行互动，以获取并挖掘一手的"鲜活"信息。基于本书拟要研究问题的需要，本书设计了针对地方工会、地方政府有关机构、企业行政方、企业工会、员工代表等多层次访谈对象的半结构化或开放式的访谈提纲，包含多层次的访谈对象，根据访谈对象的不同，分别设计了半结构化的访谈提纲，以便有针对性地获取所需的信息。此外，为保证访谈信息的真实性，每次进行访谈时，都首先与访谈对象签署保密协议，访谈也是在单独的访谈空间内进行，并且每次只访谈一个访谈对象。每个样本企业中每一类访谈对象的数量一般为 2~3 名，对每个访谈对象的访谈时间不低于 30 分钟。

表 4-3　访谈情况

访谈对象	访谈人数	访谈时间
企业行政方、企业工会干部、员工代表、地方工会干部、地方人力资源和社会保障管理部门干部	每个样本企业的 5 类访谈对象访谈人数均不低于 2 人，计计 136 人	每个被访谈者访谈时间不少于 30 分钟，总访谈录音时长 4221 分钟

（2）档案

档案是对过往历史事件的记录，属于一手资料。在学术研究中，档案是一种重要的资料获取渠道（王景高，2009），保证完整档案的信效度往往高于一般实证研究中所收集的材料，其也更利于研究的进行（蔡宁伟、张丽华，2014）。

本书所获取的档案资料均为各方主体在企业工资集体协商建制和运行过程中所记载的资料，包括官方网站、政府文件、会议纪要、企业发展史志等。资料的权威性比较强，并相互印证，确保其真实性和客观性。

（3）参与观察

蔡伟、张丽华（2014）认为，通过参与观察，可以使研究者更易于接近被研究对象，基于此，研究者对所要研究对象的相关问题有更直接的感受与体验。并且，从现有的研究来看，在样本研究中参与观察已经成为获取样本资料比较常见的方法。本书主要是针对样本企业在集体协商准备、协商会议、职代会审议集体合同草案等阶段进行旁听或观察，以最大限度地了解企业工资集体协商运行的真实情况。

4.2 质性材料的编码分析

本书中对质性材料的分析，严格按照研究设计部分所述的扎根理论的基本程序和规则，对11个样本企业的质性材料依次进行开放性编码、主轴编码和选择性编码，经过三级编码后，形成理论故事树。

4.2.1 文本分析

高质量的原始文本材料是运用扎根理论的资料分析方法的重要前提和保障。为了保证文本的质量，本书成立了由笔者及劳动关系专业在读研究生组成的工作小组，分别对原始的访谈记录、参与观察记录、档案查询记录等质性材料进行整理，并验证了质性材料的真实性和完整性。另外，每位工作组成员对访谈录音等材料进行整理，补充原始文本中错记或漏记的内容，在此基础上用统一的格式将原始文本记录转化为逐字稿，然后在逐字稿的基础上开展三级编码。

4.2.2 编码策略

在扎根分析中，理论关系不是先入为主、刻意而为之的，而是根据资料分析自然涌现的，这是经典扎根理论的核心原则（贾旭东、谭新辉，2010），本书整个过程始终秉持"扎根精神"，在编码技术上综合运用了"逐句""逐行""逐段""逐事件"等编码技术，同时，保持数据资料、已有理论和有关模式之间的循环分析，以识别概念之间的关联与规律，直至数据资料中不再出现新的概念或范畴等，最终实现了理论的饱和性（Eisenhardt，1991）。具体编码策略如下所示：

4.2.2.1　成立编码小组

为了保证编码结果的客观性和科学性，本书成立了由本书作者及 2 名劳动关系专业在读研究生组成的编码小组。这样既减少了单个编码者个人偏见造成结果偏差，同时，也保证了编码人员的专业敏感度。编码小组成立后，首先，进行编码技术的培训，其次，分别展开对原始材料的逐一编码工作。当遇到 3 人的编码结果不一致时，3 名编码者需要进行讨论，直至达成一致意见。

4.2.2.2　比较分析并编制备忘录

编码过程中对已形成的结果进行不断地对比分析。已经编码出来的结果对后续的编码有指导作用，后续的编码反过来对已经编码出的结果进行修正或补充，整个编码过程都是这样螺旋式循环对比分析的。同时，通过建立备忘录来记录编码结果和修改过程。

4.2.2.3　验证理论饱和度

为了保证扎根理论对理论饱和度的要求，本书成立的编码小组在对质性材料进行编码的过程中，在对原始材料编码前，先取出 1/3 的原始材料，作为对理论饱和度的验证，如果理论未饱和就继续扩充资料寻找新的概念与范畴来修正理论。在经过预留的 1/3 原始材料对编码出的理论进行验证，未出现新的概念和范畴，因此，本书编码分析出的理论具有较好的理论饱和度和效度。

4.2.3　开放性编码

这一阶段主要是对数据资料进行首轮的解读，也即是抓其中的关键词或者给数据资料贴标签，以形成初步的概念和基础范畴。开放性编码的过程类似一个漏斗筛选的过程，初始时比较宽泛，随后范围逐渐变小，直至出现饱和状态。具体而言：

首先，是对参与观察记录、访谈记录、档案等质性材料进行标签化和概念化。本书将35.11万字的访谈记录、12.32万字的档案材料及2.85万字的参与观察记录概念化为292个概念，剔除掉96个与制度逻辑无关的概念，最后保留了196个概念。在开放编码阶段，将样本企业进行化名；质性材料中的参与观察、开放和半结构化访谈、档案材料编号分别记为C1、C2、F1、F2、F3、D1、D2（见表4-4）；将概念标号为001、002、003……

表4-4 开放性编码示例

编号	概念	典型语句举例
WZDQ-F2-001	提升工资水平、留住和激励关键人才	"为了能够更好地留住员工，接受了襄阳市总工会的建议，开展集体协商。基于对高科技人才留任和激励的规律，企业明确把员工的工资提高到襄阳一流水平"
WZDQ-D1-002	制定推进集体协商的地方性措施	先后印发了《关于开展工资集体协商"百日会战"的活动通知》《关于表彰全市工资集体协商工作回头看工作的通知》《关于表彰全市工资集体协商先进单位的通报》
WZDQ-D1-003	贯彻落实上级政府的政策	印发《关于贯彻落实〈湖北省集体合同条例〉的通知》
WZDQ-FI-004	地方经济发展的需要	襄阳市开发区是当地的产业和区域经济发展的重点，而WZDQ是开发区的重点骨干企业，党政部门一直都很重视，党政部门迫切需要留住企业，而这必须以发展企业的和谐劳动关系为前提
WZDQ-F2-005	掌握工资管控主动权	建立工资集体协商，并将其与企业的经营发展相结合，可以提高管理企业工资总额的主动性，尤其是减轻高端研发和技术人才短缺带来的结构压力
WZDQ-F1-006	地方工会赢得企业信任和支持	一开始先搞服务，建立信任，然后慢慢和老板谈集体协商
WZDQ-F3-007	员工分享企业发展成果诉求	企业效益好的时候，通过集体协商分享发展成果，提高福利待遇，尤其是培训费用报销比例等
WZDQ-F3-008	特殊时期员工生存需求	新冠疫情期间，通过集体协商确定工资的降幅标准，灵活上班，留住工作机会和保障基本生活
WZDQ-F1-009	尊重员工意见，接受员工意见反馈和监督	工会将不同职务和部门中有威信与能力的员工作为集体协商员工方的候选人，员工方首席代表由得票最多的工会主席担任；集体协商会议前，通过多次的沟通和问卷来征求员工的意见，了解员工的诉求，集体合同签订后，监督执行，并接受员工的意见反馈和监督

续表

编号	概念	典型语句举例
WZDQ-F1-010	企业老板重视企业工会工作	创始人和董事长均来自体制内，很重视工会工作，公司成立第二年就主动成立了工会
WZDQ-F2-011	通过工资集体协商促进企业的可持续发展	企业始终坚持"始终追求领先一步"的战略，通过劳动关系的协调来调动员工的工作积极性，创造良好的企业文化，提高企业的业绩，这也是企业接受工资集体协商的原因
DBSW-F2-012	企业市场化转型的需要	改制后的第一年就主动建立了集体协商，主要目的是进一步实现从原来的国营企业到民营企业的转变，从"铁饭碗""大锅饭"向劳动合同制转变
DBSW-F2-013	国企管理经验的老板重视企业工会工作	本企业的老板在接管企业之前已有十余年国企中层干部等经验，对如何经营企业和处理劳动关系积累了丰富的经验
DBSW-F1-014	为企业集体协商提供服务	因为是企业主动建制，地方工会主要是服务，不直接介入集体协商
DBSW-F2-015	青年员工的经济诉求	青年员工占比高，他们经济压力大，希望通过集体协商实现工资的合理性
DBSW-F2-016	科学、合理地选出协商代表	工会根据年龄、性别、岗位、学历等不同要素，统一合理分配员工方协商代表名额，涵盖"老中青三代"协商代表无记名投票产生
DBSW-D2-017	作为公司改制的工具	在企业改制之时，正逢全国总工会、人社部推进集体协商和集体合同，新组建的公司就将其作为推进改制的工具
DBSW-F2-018	满足工会和员工诉求，避免员工管理压力	来自国有企业的工会在改制后的私有企业中习惯运行，企业方单方面制定的工资制度，不可避免地遇到工会和员工的阻力，不得不面对工会和员工要求参加意见实行民主的诉求，这成为企业实行集体协商的最主要力量
DBSW-D1-019	稳定企业劳动关系，减少地方政府维稳压力	公司改制时，地方政府要求原国有企业被私企整体接收，不能辞退员工，平稳过渡，潜在增加了通过集体协商表达员工诉求权利和增加工资待遇的力量
DBSW-F2-020	保障企业生产经营的顺利进行	从生物体提取原料到产品形成的周期是 62 天，任何一个环节出现问题，前期投入将归于零，因此，需要员工情绪愉悦、积极负责，企业必须满足员工关于工资福利等方面的要求和意见
DBSW-F1-021	制定地方和谐劳动关系治理措施	地方政府将企业开展集体协商及企业劳动关系和谐情况作为评优和标准

编号	概念	典型语句举例
DBSW-C1-022	了解员工诉求	通过现场工作制的方式，开展员工满意度调查，并了解员工诉求
DBSW-C1-023	企业合理确定工资决定要素	根据工资标准测算，将涉及单价计价的五个岗位写入《工资专项集体合同》，根据消费水平、工资总额等因素，每3年调整一次劳动定额
DBSW-D2-024	企业厂务公开，避免误解	对公司年度生产经营计划、投资计划、财务计划、资产重组、工程建设项目及员工福利制度等进行厂务公开
DBSW-D2-025	主动听取员工合理化建议	建立定期召开员工座谈会、并建立"五大台账"制度
DBSW-F2-026	党委和工会力量融合，提高集体协商的推进力度和效果	党委书记兼任工会主席，党委成员成为工会的骨干力量，提高工会推动集体协商的力度和有效性
DBSW-C1-027	考虑员工的差异化诉求	考虑不同年龄和岗位员工的差异化诉求
DBSW-F2-028	工资增幅和企业业绩挂钩	年底根据上一年业绩和下一年目标，与各部门进行沟通，将工资涨幅与企业经营状况相结合
DBSW-F2-029	企业和员工之间的沟通桥梁	工会征求员工意见反馈给企业方，并将企业方发展经营情况给员工进行讲解，使二者在协商前形成共识
DHQC-F2-030	解决企业发展与员工分享的矛盾	企业转型成功后，公司主要矛盾转变为企业发展与员工分享的矛盾，公司把集体协商作为解决工资分配的渠道，实现员工分享企业发展红利

其次，发现范畴，理论由概念构成，然后才是概念与概念之间的关系。在发现概念的基础上，需要对其进行提炼和概括，来确定概念的属性和维度，再对研究对象进行命名和类属化。数量众多的概念会在内涵所指上存在交织重叠，所以需要进一步提炼，以确保各个概念之间彼此互斥、层次逻辑清晰分明。

最后，对范畴的性质及下属维度进行挖掘。这一步是在范畴化基础上进行的挖掘，可以提炼范畴至下一个阶段。根据研究主题和逻辑分析之需，必须确保各个范畴所包含的现象和内容的饱满性，以便后续进行分析，同时，也需要对各个范畴及其下属维度进行梳理，经过分析后的概念、初步范畴、初步范畴的维度与性质及范畴如表4-5所示。

表 4-5   开放编码阶段的概念、初步范畴、范畴及其维度、性质

范畴	初步范畴	初步范畴的性质	初步范畴的维度	概念
地方政府推进工资集体协商的价值目标	完成上级下达的专项指标任务	完成上级政府任务	有利/不利	贯彻落实上级政府的政策
	履行区域发展与治理的职能	发展地方经济	有利/不利	地方经济发展的需要
		降低维稳压力	有利/不利	稳定企业劳动关系，减少地方维稳压力
		治理地方劳动关系	有利/不利	地区和谐劳动关系治理试验
		治理地方产业	有利/不利	以集体协商来实现产业治理
地方政府推进工资集体协商的策略与行动	制定工资集体协商政策，有效地推进策略和有力的专项政策	制定工资集体协商推进策略和政策	有/无	制定推进集体协商的地方性措施
			有/无	制定地方和谐劳动关系治理措施
			有/无	将集体协商作为劳动关系考核指标
			有/无	地方政府制定企业工资集体协商的建制目标
			有/无	出台地方工资集体协商法规政策
			有/无	以重点企业为抓手，推进集体协商
			有/无	地方政府对企业开展工资集体协商进行约束
	采取工资集体协商监管的实际行动	推进工资集体协商的实际行动	有/无	地方政府到企业宣传公司集体协商
			有/无	地方政府企业集体合同执行进行监管
			有/无	现场观摩集体协商会议
			有/无	审查集体合同
地方工资集体协商的综合效果	地方的劳动关系治理和经济发展	地方产业治理效果	大/小	汽车产业得到有效治理，经济效益显著
		地方重点企业劳动关系治理效果	是/否	区域龙头企业顺利改制，劳动关系平稳和谐
			是/否	地区骨干企业发展势头好
	地方企业工资集体协商覆盖率的提升	地方集体协商指标完成情况	大/小	集体合同覆盖率大幅提升
企业开展工资集体协商价值追求	工资集体协商的理念价值	可持续发展的理念	有利/不利	通过工资集体协商促进企业的可持续发展
		分享的意愿	有利/不利	践行企业劳资共享发展理念

续表

范畴	初步范畴	初步范畴的性质	初步范畴的维度	概念
企业开展工资集体协商价值追求	工资集体协商的商业价值	商业发展的需要	有利/不利	作为公司改制的工具
			有利/不利	推动企业市场化转型
			有利/不利	建立适合股东结构的沟通机制需要
			有利/不利	公司领导认识到工资集体协商对企业发展的积极意义
			有利/不利	保障企业生产经营的顺利进行
	工资集体协商工具价值	解决人力资源管理问题的需要	强/弱	发挥工资集体协商的激励作用
			强/弱	提升工资水平，留住和激励关键人才
			有利/不利	解决企业发展与员工分享的矛盾
		解决劳动关系问题的需要	有利/不利	满足工会和员工诉求，避免员工管理压力
			有利/不利	为了企业劳动关系和谐和企业可持续发展
			强/弱	提高员工对企业管理层满意度
企业开展集体协商的行动策略和措施	构建工资集体协商运行环境和辅助机制	建立集体协商运行的制度、组织和文化保障	有/无	工会专项负责推行
			有/无	完备的民主管理体系
			强/弱	公司企业文化氛围好
			有/无	建立集体协商的制度保障
			有/无	成立工资集体协商领导小组，统筹集体协商工作
	防范工资集体协商失控风险	形成集体协商的共识与规则	多/少	企业合理确定工资决定要素
			强/弱	工资增幅和企业业绩挂钩
			强/弱	工资与企业效益结合，能升能降
			有/无	集体协商的框架与规则
			强/弱	薪酬调整与内外部经营环境关联
			强/弱	工资涨跌范围与企业利润涨跌幅度进行直接对应
		主动防范和化解集体协商中的风险	有/无	主动听取员工合理化建议
			有/无	考虑员工的差异化诉求
			强/弱	增加集体合同的约束功能
			有/无	管理层与员工代表定期沟通

续表

范畴	初步范畴	初步范畴的性质	初步范畴的维度	概念
企业开展集体协商的行动策略和措施	防范工资集体协商失控风险	主动防范和化解集体协商中的风险	有/无	针对性协商，避免对公司经营管理受影响
			强/弱	避免"罢工涨薪"的负面效应
			大/小	提前化解集体协商的分歧
企业工会推动工资集体协商的价值追求	企业工会赢得地方工会、企业和员工的支持和肯定	工会工作得到企业方的支持与重视	有/无	企业与员工之间的沟通桥梁
			强/弱	国企背景，工会受到党委重视
			多/少	工会与管理层定期沟通
			强/弱	企业老板重视企业工会工作
			强/弱	有国企管理经验的老板重视企业工会工作
			有/无	公司老板在体制内干过，有眼光，主动设立工会
		员工信任和拥护企业工会	强/弱	员工信任工会，有事情愿意通过工会解决
			有/无	尊重员工意见，接受员工意见的反馈和监督
			强/弱	真正做到了解员工心声，关心员工生活，为员工排忧解难，做员工贴心的"中间人"
			有/无	不会产生矛盾和问题，有问题都是反馈给 DFRC 工会进行求助
		地方工会积极支持企业工会	多/少	市总工会给予企业工会政策指导、法律服务和协商技能培训
		地方工会积极肯定企业的集体协商工作	是/否	地方工会将企业作为集体协商优秀案例
	实现企业工会的职能价值	企业工会的职能价值得到体现	强/弱	集体协商对企业文化建设起到的积极作用
			大/小	集体协商避免了大规模劳资冲突
			多/少	集体协商降低了劳动争议
			强/弱	集体协商促进了企业民主管理

续表

范畴	初步范畴	初步范畴的性质	初步范畴的维度	概念
企业工会推进工资集体协商的策略方法	企业工会与企业行政力量的整合	中层干部兼任工会主席	是/否	行政部经理兼任工会主席
		中层干部兼任工会主席	是/否	党委书记、办公室主任兼任工会主席
		高管兼任工会主席	是/否	公司纪委书记兼任工会主席
		高管兼任工会主席	是/否	党委副书记兼任工会主席
		高管兼任工会主席	是/否	公司常务副总兼任工会主席
	选任能力素质适合的企业工会主席	企业工会主席的素质要求	强/弱	注重工会领导的素质能力
			高/低	工会主席的个人素质高
		企业工会主席的工作方法	强/弱	工会主席的工作技巧
	民主管理辅助工资集体协商	借力民主管理机制	有/无	运用企业民主管理，提高协商效果
		民主选举协商代表	是/否	民主确定协商代表
		提高信息对称性	是/否	厂务公开
			是/否	信息公开
		民主征求意见	是/否	调研行政方和员工，征求意见
			是/否	工会事先收集员工代表对集体协商内容的疑问与想法
	创新推进工资集体协商的方法	借力党委	是/否	党委和工会力量融合，提高集体协商的推进力度和效果
		机制保障	是/否	形成工资集体协商合理化机制
		专业培训	是/否	培训协商代表
		二次协商	是/否	分公司开展二次协商
		流程和方法	是/否	企业工会的工作流程和方法
		协商代表的选择	是/否	选择合适的员工方协商代表
		员工的需求的差异化	是/否	基于员工的"异质性"，进行差异化协商
		实战技能	是/否	工会组织集体协商演练
		风险化解	是/否	提前化解劳资纠纷
工资集体协商对劳资双方积极效果	劳动者权益的维护与提升	员工诉求的满足	高/低	工资集体协商提高了员工的工资和满意度

续表

范畴	初步范畴	初步范畴的性质	初步范畴的维度	概念
工资集体协商对劳资双方积极效果	劳动者权益的维护与提升	人才激励	大/小	工资集体协商激励了员工，留住了关键人才
		员工利益保护	大/小	集体协商保护了员工权益，促进其发展
		解决特殊员工群体诉求	是/否	满足了青年员工的经济诉求
	企业组织利益的促进	企业的经营发展	是/否	工资集体协商保障了企业的生产经营和可持续发展
		企业文化的塑造	是/否	工资集体协商营造了良好的企业文化氛围
		形成劳资利益共同体	是/否	工资集体协商实现企业与员工的共享发展
地方工会推进工资集体协商的价值考量	地方工会完成上级工会下达的指标任务	完成上级工作指标	是/否	完成上级工会集体协商工作推进指标任务
	地方工会配合地方党政劳动关系治理及经济发展工作	地方工会配合地方党政治理劳动关系	是/否	地方工会配合地方党政部门实现和谐劳动关系综合试验区试点和产业治理
		地方工会配合地方党政发展经济	是/否	地方总工会通过集体协商配合党政部门实现区域重点企业改制
			是/否	地方总工会配合地方党政部门实现地方龙头企业并购重组
			是/否	地方总工会配合地方党政部门助力重点企业健康发展
地方工会推进工资集体协商的力量来源及行动措施	地方工会与地方党政力量的整合	地方总工会主席的党政官员身份	是/否	地方总工会主席由花都区人大常委会副主任兼任
			是/否	地方总工会主席由宜昌市市委常委、市委统战部部长兼任
			是/否	地方总工会主席由襄阳市市委常委、市委统战部部长兼任
			是/否	地方总工会主席由包头市人大常委会副主任兼任

续表

范畴	初步范畴	初步范畴的性质	初步范畴的维度	概念
地方工会推进工资集体协商的力量来源及行动措施	地方工会与地方党政力量的整合	地方总工会主席的党政官员身份	是/否	地方总工会主席由南京市人大常委会副主任兼任
		地方工会和地方党政的合作关系	是/否	联合地方政府，制定地方提高集体协商覆盖率的政策
			强/弱	联合政府以重点企业为抓手推进集体协商
		地方工会接受同级党政领导为主	是/否	地方工会以地方同级党委领导为主
	地方工会推进工资集体协商的内容和方式	地方工会的工作内容与方式	多/少	地方工会为企业集体协商提供服务
			多/少	地方工会集体协商提供培训
			多/少	地方工会帮助企业解决工资集体协商中的具体问题
			是/否	现场观摩集体协商会议
			强/弱	地方总工会监督指导企业开展工资集体协商
劳动者对工资集体协商的价值诉求	劳动者通过工资集体协商的分享企业发展成果意愿	分享企业发展成果的诉求	有/无	员工分享企业发展成果诉求
		工资集体协商的意愿	强/弱	通过集体协商商讨工资的意愿
	不同情形下劳动者对工资集体协商的不同诉求	特殊时期的诉求	有/无	特殊时期员工生存需求
		青年员工的诉求	有/无	青年员工的经济诉求
		研发类员工的诉求	高/低	研发人员工资要求高
		困难员工的诉求	有/无	困难员工群体的工资福利特殊诉求
		不同员工诉求的差异	异/同	员工生存和发展诉求不一样
		员工诉求是否理性	是/否	员工诉求超出老板预期的情况
劳动者实现工资集体协商行动策略	劳动者的工资集体协商意识和专业能力素养提升	集体协商意识和能力	高/低	提升集体协商的意识和能力素养
		相关财务知识	多/少	对财务等方面专业知识的掌握
		相关法律知识	多/少	对集体协商法律知识的了解

续表

范畴	初步范畴	初步范畴的性质	初步范畴的维度	概念
劳动者实现工资集体协商行动策略	劳动者对工资集体协商的信息掌握	企业、行业及市场信息	是/否	了解企业的经营情况及行业市场化外部信息
		公司相关信息	多/少	提高对公司有关信息的了解程度
	劳动者对工资集体协商的诉求表达	员工诉求表达	有/无	集体协商前积极向工会表达诉求
		员工心声和诉求	有/无	充分表达心声和诉求的渠道保障
	民主选举协商代表	民主选举代表	有/无	参与集体协商代表的选举
	工资集体协商的权利保障与问题解决	集体合同权利保障	有/无	集体合同履行的反馈和权利保障
		就集体协商问题解决	有/无	解决工资集体协商中问题的途径

4.2.4　主轴编码

主轴编码也即二级编码。主要是在上一环节开放性编码的基础上，通过备忘录来系统回顾概念的形成及维度，对初始概念、基础范畴进行分析和聚类，分析主要范畴之间的关联，也可以按照范例模型的方式来展现主范畴之间的逻辑关系。这一阶段主要目的是通过筛选、比较、分析及重新归类来发展比上一个阶段维度和性质更进一步的范畴，而不是要构建一个全面的理论。质性资料中各部分的关系涵盖了语义、因果、情景、过程、功能、差异等多种类型。主轴编码阶段，运用了扎根理论中的典范模式（Pattern Model），该模式是扎根理论中非常重要的范畴分析与范畴发现的工具，该模型可以概括为"因果条件—情景—脉络—行动/互动策略—效果"（李志刚，2007），其逻辑解释是：所要发展的主范畴的产生条件、产生情景、主范畴自身的脉络（范畴的下属维度），以及各个主体的行动策略和结果。

在这一阶段，运用典范模式（Pattern Model）将前文中的范畴进一步发展，并将政治与治理逻辑、科层制逻辑、商业与控制逻辑、合法性与有效性逻辑及生存与发展逻辑五个范畴作为主范畴（见表4-6）。

表 4-6　主轴编码阶段的典范模式分析

主范畴	因果条件	情景	脉络	行动/互动策略	效果
政治与治理逻辑（地方政府）	地方政府推进工资集体协商的价值目标	地方工会推进工资集体协商的力量来源及行动措施	完成上级下达的专项指标任务	制定工资集体协商政策，有效地推进策略和有力的专项政策	地方工资集体协商的综合效果
		劳动者实现工资集体协商行动策略	履行区域发展与治理的职能	推进工资集体协商的实际行动	
		企业工会推进工资集体协商的策略方法；企业开展集体协商的行动策略和措施			
商业与控制逻辑（企业）	企业开展工资集体协商价值追求	地方政府推进工资集体协商的策略与行动	工资集体协商的理念价值	构建工资集体协商运行环境和辅助机制	工资集体协商对劳资双方的效果
		地方工会推进工资集体协商的力量来源及行动措施	工资集体协商的商业价值		
		员工实现工资集体协商行动策略	工资集体协商工具价值	防范工资集体协商失控风险	
		企业工会推进工资集体协商的策略方法			
科层制逻辑（地方工会）	地方工会推进工资集体协商的价值考量	地方政府推进工资集体协商的策略与行动	地方工会完成上级工会下达的指标任务	地方工会与地方党政力量的整合	地方工资集体协商的综合效果
		企业开展集体协商的行动策略和措施	地方工会配合地方党政劳动关系治理及经济发展工作	地方工会推进工资集体协商的内容和方式	
		劳动者实现工资集体协商行动策略			
		企业工会推进工资集体协商的策略方法			
合法性与有效性逻辑（企业工会）	企业工会推动工资集体协商的价值追求	地方政府推进工资集体协商的策略与行动	企业工会赢得地方工会、企业和劳动者的支持和肯定	企业工会与企业行政力量的整合	工资集体协商对劳资双方的效果

续表

主范畴	因果条件	情景	脉络	行动/互动策略	效果
合法性与有效性逻辑(企业工会)	企业工会推动工资集体协商的价值追求	企业开展集体协商的行动策略和措施	实现企业工会的职能价值	选任能力素质适合企业的工会主席	工资集体协商对劳资双方的效果
		员工实现工资集体协商行动策略		民主管理辅助工资集体协商	
		地方工会推进工资集体协商的力量来源及行动措施			
生存与发展逻辑（劳动者）	劳动者对工资集体协商的价值诉求	地方政府推进工资集体协商的策略与行动	劳动者通过工资集体协商分享企业的发展成果意愿	劳动者的工资集体协商意识和专业能力素养提升	工资集体协商对劳资双方的效果
		企业开展集体协商的行动策略和措施	不同情形下，员工对工资集体协商的诉求不同	劳动者对工资集体协商的信息掌握	
		企业工会推进工资集体协商的策略方法		劳动者对工资集体协商的诉求表达	
		地方工会推进工资集体协商的力量来源及行动措施		民主选举协商代表	
				工资集体协商的权利保障与问题解决	

4.2.5 选择性编码

选择性编码主要是选取理论的核心范畴，并将其与其他副范畴建立联系及逻辑关系，并反向来补充概念化未完全的范畴。这一阶段的主要工作包括：首先，确定理论的核心范畴；其次，运用典范模式来建立核心范畴与副范畴之间的关系，进而构建故事树；最后，进一步开发各个范畴之间的内在逻辑。

通过对案例企业质性材料的编码初步建构了企业工资集体协商组织场域中的政治与治理逻辑、科层制逻辑、商业与控制逻辑、合法性与有效性逻辑及生存与发展逻辑五大主范畴，在选择性编码阶段再次运用扎根分析的典范模式（见图

4-3)，得出了"企业工资集体协商组织域中多重制度逻辑"这一核心范畴，其故事树是：在企业工资集体协商的组织场域中，在政治与治理逻辑、科层制逻辑、商业与控制逻辑、合法性与有效性逻辑及生存与发展逻辑等多重制度逻辑的驱动下，地方政府、地方工会、企业、企业工会及劳动者等多个行动主体采取了不同的行为与互动策略，形成了相互交织的多重互动关系，在宏观上产生了地区工资集体协商的综合效果，在微观上对劳资双方也产生了相应的效果。

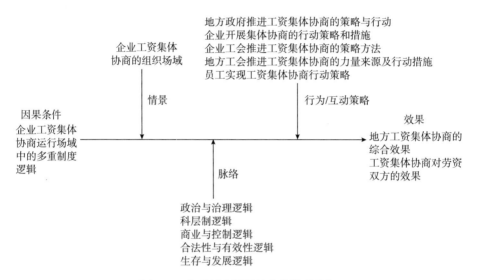

图4-3 多重制度逻辑的典范模式分析

4.3 企业工资集体协商组织场域中多重制度逻辑的理论内涵及关系分析

4.3.1 企业工资集体协商组织场域中多重制度逻辑的理论阐释

通过上述对样本企业原始材料的开放编码、主轴编码及选择性编码之后，识别出了企业工资集体协商组织场域中的政治与治理逻辑、科层制逻辑、商业与控制逻辑、合法性与有效性逻辑及生存与发展逻辑五种制度逻辑。根据编码分析过程及本书第 1 章关于制度逻辑的理论，不难得出上述五种制度逻辑的理论内涵。

4.3.1.1 政治与治理逻辑

在影响我国集体协商的诸多因素中，政府的影响是最大的（谢玉华，2014），在本书所用的 11 个样本企业，虽然从地理分布上横跨了珠三角、长三角和中西部的四个省，但在这 11 个样本企业集体协商的运行组织中，彰显了政治与治理逻辑这一制度逻辑，通过扎根理论的典范模式对这一制度逻辑的内部范畴之间关系进行了梳理（见图 4-4），得到了政治与治理逻辑这一制度逻辑的理论故事树：在地方工会、企业、企业工会、劳动者等不同主体直接或间接地参与（互动策略和行为）企业工资集体协商的情形下，通过政府参与企业工资集体协商的价值驱动，政府为了完成上级下达集体协商的任务指标及履行地区经济发展和劳动关系治理中的政府职能，制定了企业工资集体协商有效的推进策略和有力的专项政策，开展了一系列推进企业工资集体协商的实际行动，实现了所在地区企业工资集体协商覆盖率提升、产业治理、经济发展及劳动关系治理的综合效果。

图 4-4 政治与治理逻辑的典范模式分析

4.3.1.2 科层制逻辑

我国工会体系有着庞大的科层制体系，并且不同层级的工会组织的行为逻辑颇为不同（吴建平，2017），在企业工资集体协商组织场域中，地方工会作为一个重要的组织，其同时受到地方同级党组织和上级工会的双重领导，并以地方同级党委领导为主[①]，在行为和互动策略上呈现了独特的制度逻辑。通过对案例企业所在地地方工会在企业工资集体协商中的行为及与其他组织互动关系等进行扎根分析，识别出科层制逻辑这一制度逻辑，经过对其内部范畴之间关系的梳理（见图4-5），得到了该制度逻辑的理论故事树：在地方政府、企业、企业工会、劳动者等不同主体直接或间接参与（互动策略和行为）企业工资集体协商的情形下，通过地方工会参与企业工资集体协商的价值驱动，地方工会为了完成上级工会下达的指标任务，同时，也为了在地方同级党委的领导下，配合地方完成劳动关系治理和经济发展等任务，而通过借力地方党政力量来采取一系列推进区域内企业工资集体协商的举措和实际行动，最终达到本地区企业工资集体协商的综合效果。

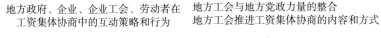
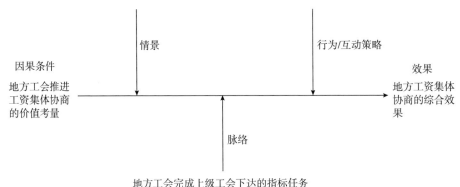

图4-5　科层制逻辑的典范模式分析

[①]《中共中央关于加强和改善党对工会、共青团、妇联工作领导的通知》规定"工会、共青团、妇联受同级党委和它们上级组织的双重领导，以同级党委领导为主"，2015年，中共中央《关于加强和改进党的群团工作的意见》中也强调，群团组织实行分级管理，以同级党委领导为主的体制，工会等全团组织，受同级党委和上级组织的双重领导。

4.3.1.3　商业与控制逻辑

企业是企业工资集体协商的重要参与主体之一，吕景春等（2015）认为，集体协商推行多年，但实施与推广效果并不显著，原因很大程度上在于以往的集体协商缺失了企业的主动参与。通过对案例企业质性材料扎根分析，在企业工资集体协商组织场域中存在着商业与控制逻辑这一制度逻辑，是企业参与工资集体协商的价值导向和行为原则，通过对其内范畴关系的梳理（见图4-6），得到了该制度逻辑的理论故事树：在与企业外部的地方政府与地方工会，以及企业内部的企业工会及劳动者等多方主体的互动关系的复杂情形中，通过企业参与工资集体协商的理念价值、商业价值和工具价值的驱动，企业实施了构建工资集体协商运行环境和辅助机制及防范工资集体协商失控风险等行为及互动策略，使工资集体协商对劳资双方产生相应的效果。

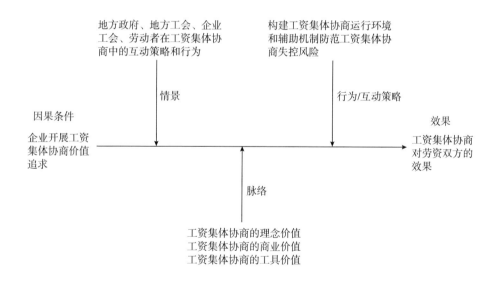

图 4-6　商业与控制逻辑的典范模式分析

4.3.1.4　合法性与有效性逻辑

我国工会是一元工会，符合科层化结构，全国总工会和各地方总工会资源调动能力比较强,而作为基层工会的企业工会有时会被整合到企业的管理框架中,这种情形被称为"双整合"(Chen,2009;吴清军,2008),由于没有触及工会体制的变革,上级工会难以调动基层工会的力量(闻效仪,2016),企业工会尤其是非公企业工会对企业往往是一种行政依附关系。通过对样本企业质性材料编码分析,在企业工资集体协商组织场域中存在着合法性与有效性这一制度逻辑,是企业工会参与工资集体协商的价值导向和行为原则。经过对其内部范畴之间关系的梳理(见图4-7),得到了该制度逻辑的理论故事树:在企业外部的地方政府与地方工会,以及企业内部的企业及劳动者等多方主体的互动关系的复杂情形中,通过自身内在的价值驱动,企业工会为了赢得地方工会、企业和劳动者的支持和肯定(即所指的"合法性"),并实现自身的职能价值(即所指的"有效性"),通过与企业行政力量的整合、选任能力素质合格的企业工会主席、民主管理辅助工资集体协商等行为及互动策略,实现工资集体协商对劳资双方效果。

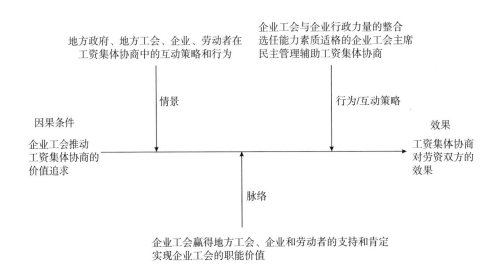

图4-7 合法性与有效性逻辑的典范模式分析

4.3.1.5　生存与发展逻辑

从法律视角看，企业工资集体协商是企业方与劳方就工资进行的商谈行为。作为劳方的劳动者在工资集体协商中由企业工会代其与企业方进行商谈，但劳动者的参与也不可或缺。一方面，劳动者对工资的诉求是工资集体协商的主要内容；另一方面，劳动者在工资集体协商过程中通过一系列行为和互动策略来确保自身工资诉求的实现。通过对样本企业质性材料扎根分析，在企业工资集体协商组织场域中存在着生存与发展这一制度逻辑，是劳动者在工资集体协商中行为和互动策略价值导向和内在驱动。经过对其内部范畴之间关系的梳理（见图 4-8），得到了该制度逻辑的理论故事树：在企业、企业工会、地方政府和地方工会等利益相关者的互动关系构筑的情境中，基于生存与发展逻辑的价值驱动，劳动者为分享企业发展成果、实现不同情形下对工资标准的相关诉求，而采取提升工资集体协商意识和专业能力素养、掌握工资集体协商的相关信息、表达工资集体协商的诉求、民主选举协商代表及保障工资集体协商权利与解决相关问题等行为和互动策略，最终产生工资集体协商对劳资双方的效果。

图 4-8　生存与发展逻辑的典范模式分析

4.3.2 企业工资集体协商组织场域中多重制度逻辑的关系分析

根据本书第 1 章有关组织场域及制度逻辑的理论内容，组织场域的关键组成要素包括制度逻辑、行动者和关系系统。本书第 3 章对企业工资集体协商运行的组织场域的形成基础和演化发展进行了系统分析，也对组织场域中的行动者和行动者之间的互动关系进行了解构（见图 3-8）。但这些分析都是企业工资集体协商组织场域的框架性和外在显性表征的分析，而缺少对影响行动者互动和行为策略背后的隐性制度逻辑的分析。每一种制度都有自身的核心逻辑，如社会层面的文化、信仰和规则（Friedland & Alford，1991）。制度逻辑是组织场域的关键组成要素，而组织场域则是其实践空间（毛益民，2014），包括了规范性与文化—认知性要素，能帮助组织解释其所面临的现实环境，确定组织的恰当行动及成功标准，指导组织获得合法性（Thornton & Ocasio，1999）。所以，识别出企业工资集体协商组织场域中的制度逻辑，才能对企业工资集体协商运行的分析"鞭辟入里"，通过外在的显性现象来正确认识企业工资集体协商运行的内在逻辑关系，也才能真正理解地方政府、地方工会、企业、企业工会及劳动者等主体在企业工资集体协商组织场域中的行为和互动策略背后的价值导向和原则依循。

在本章中，通过对 11 家样本企业的质性材料运用扎根理论进行编码分析后，对企业工资集体协商"隐性"的内在制度逻辑进行了识别，最终识别出政治与治理逻辑、科层制逻辑、商业与控制逻辑、合法性与有效性逻辑及生存与发展逻辑五种。根据本书第 1 章中的理论分析框架可知，组织场域中的多重制度逻辑并非一直保持着兼容状态，当其兼容性较低时，它们之间会带来张力，尤其是竞争性的多重制度逻辑会在不同组织成员之间产生持续的张力和冲突（Battilana et al.，2015），当然，它们之间的关系不仅表现为竞争和冲突，还表现为和平共处与融合（Reay & Hinings，2009），所以，它们之间的关系是竞争性的，也是融合性的。基于此理论，并结合企业工资集体协商组织场域中行动者的互动关系，可以对该组织场域中多重制度逻辑的关系得出如下分析结论：

首先，在企业外部，政治与治理逻辑和科层制逻辑之间有着"天然"的融合性，我国工会主要力量来源是在政党系统中的合法地位和身份（许晓军、吴清军，2011），在企业工资集体协商工作的推动过程中，上级工会下达指标任务，地方工会配合地方、借力地方党政完成劳动关系治理和经济发展等任务，采取一系列举措和实际行动推进区域内企业工资集体协商。

其次，在企业内部，根据《工会法》的规定，企业工会是劳动者利益的代表者和维护者，在工资集体协商中，企业工会要代表和维护劳动者的利益，所以，企业工会的合法性和有效性逻辑与劳动者的生存和发展逻辑之间有着融合性。非公企业工会由于实际上掌握在企业雇主手中，往往是一种依附关系（闻效仪，2016）。所以，在企业内部，企业工会的合法性和有效性逻辑与企业的商业和控制逻辑之间存在着一定的融合性，但竞争性成分更高一些。而在企业与劳动者之间，企业的商业和控制逻辑与劳动者的生存和发展逻辑之间存在着较高的竞争性，因为企业担心工资集体协商会造成劳动者"漫天要价"而增加企业的用工成本（林嘉，2012），甚至影响企业的管理自主权（胡磊，2012）。使得有些企业在企业工资集体协商中存在"不愿谈"的排斥心理，进而在一定程度上造成了质效不高的问题。如果忽略了企业的商业发展和内部自主管理的实际情况，也是我国企业工资集体协商在推行过程中遇到"企业不愿谈"的主要原因之一。

综上所述，在企业工资集体协商组织场域中，政治与治理逻辑、科层制逻辑、商业与控制逻辑、合法性与有效性逻辑及生存与发展逻辑五种制度逻辑之间，既存在着融合性制度逻辑关系，又存在着竞争性制度逻辑关系，它们之间关系相互交织（见图4-9），直接影响着企业工资集体协商组织场域中行动者之间的互动策略及互动关系，最终影响了企业工资集体协商的运行效果。

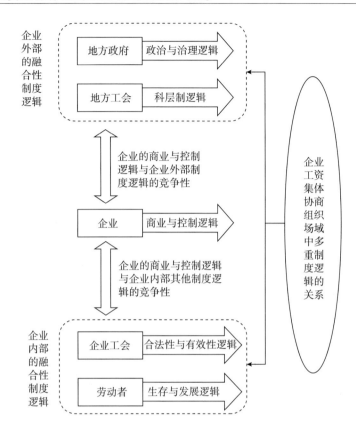

图 4-9　企业工资集体协商组织场域中多重制度逻辑间的关系①

4.4　本章小结

第3章对我国企业工资集体协商组织场域的形成基础及演化发展的分析基础上，本章运用扎根理论对理论抽样出来的11家样本企业的原始材料进行编码分

①　图4-9由本书作者根据前述扎根分析结果及组织场域的相关理论整理而得。

析，识别出了企业工资集体协商组织场域中的多重制度逻辑，即：政治与治理逻辑、科层制逻辑、商业与控制逻辑、合法性与有效性逻辑及生存与发展逻辑，并结合根据编码分析过程及本书第 1 章关于制度逻辑的理论，对识别出的各个制度逻辑进行了理论阐释。基于此，真正理解了地方政府、地方工会、企业、企业工会及劳动者等主体在企业工资集体协商组织场域中行为和互动策略背后的价值导向和原则依循。

组织场域中的多重制度逻辑并非一直保持着兼容状态，当它们间的兼容性较低时，就会产生张力，尤其是竞争性的多重制度逻辑会在代表不同制度逻辑的组织成员之间产生持续的张力和冲突（Battilana et al.，2015），当然，这种关系不仅表现为竞争和冲突，还表现为"和平共处"与融合（Reay & Hinings，2009），所以，制度逻辑之间的关系有竞争性的（即竞争性制度逻辑），也有融合性的（融合性制度逻辑）。基于此理论，结合企业工资集体协商组织场域中行动者的互动关系，本书最后分析了工资集体协商中各种制度逻辑之间的关系，主要分析结论是：企业外部的政治和治理逻辑与科层制逻辑之间存在"天然"的兼容性，企业内部的合法性和有效性逻辑与生存和发展逻辑之间整体上是融合性关系，商业和控制逻辑与生存和发展逻辑之间是竞争性关系，并且，商业和控制逻辑与合法性和有效性逻辑之间整体上也是竞争性关系。最后，企业的商业和控制逻辑与企业外部的政治和治理逻辑及科层制逻辑之间也是竞争性关系。这些逻辑之间关系相互交织（见图 4-9），直接影响着企业工资集体协商组织场域中行动者之间的互动策略及互动关系，最终影响企业工资集体协商的运行效果。

第5章 企业工资集体协商组织场域中 多重制度逻辑的张力管理： 案例研究

通过本书第 4 章对长三角、珠三角及中西部四个省份的 11 个样本企业工资集体协商质性材料的分析，识别并分析了我国企业工资集体协商组织场域中存在的政治与治理逻辑、科层制逻辑、商业与控制逻辑、合法性与有效性逻辑及生存与发展逻辑等多重制度逻辑，由此，对我国企业工资集体协商组织场域的认识由外在的显性框架（行动者及其关系系统）逐步深入到内在的隐性制度逻辑，进而明晰了地方政府、地方工会、企业、企业工会及劳动者等主体在企业工资集体协商组织场域中行为和互动策略背后的价值导向和原则依循。

根据本书第 1 章有关组织场域及制度逻辑的理论，组织场域中多重制度逻辑并非一直保持着兼容状态，兼容性较低时，多重制度逻辑之间会带来张力，尤其是竞争性的多重制度逻辑会在代表不同制度逻辑的行动者之间产生持续的张力和冲突（Battilana et al.，2015），实践中，管理组织场域内多个组织的多重制度逻辑而产生的张力是一种常态。通过构建适当的流程和机制主动应对多重制度逻辑带来的张力，可以缓解组织场域的张力（Ramus，2017），并获得组织场域中利益相关者的支持（Pache & Santos，2013）。那么，在多重制度逻辑并存的企业工资集体协商组织场域中究竟存在着哪些张力？企业是如何进行管理这些张力的？

有何效果？对这些问题的回答，是探知企业工资集体协商如何摆脱质效不高困境的关键。为此，本章对上述问题做了深入的系统研究。

5.1　研究设计

5.1.1　研究方法的选择

一般来讲，案例研究法有一定的适用情形，比如：需要回答"为什么"（Why）、"怎么样"（How）等问题，或者很难控制研究对象，以及所要研究的问题是现实生活中的实际问题（Yin，2004）。案例研究法是沟通学术理论与一线实践的桥梁（张丽华、刘松博，2006），在案例研究方法中，单案例研究所构建的理论存在普适性缺陷的问题（徐世勇等，2015），所以好的理论源于多案例对比的分析逻辑，从多个案例中推导出的结论更有说服力，研究结论更经得住推敲（Herriott & Firestone，1983）。并且，通过多案例研究所得出的理论更加严谨，且可验证性更强（郑伯埙、黄敏萍，2012）。

在多重制度逻辑并存的企业工资集体协商组织场域中究竟存在着哪些张力？企业是如何管理这些张力的？有何效果？上述这些问题属于回答"怎么样"的问题，适合采用案例研究的方法。鉴于此，本章选择多案例的研究方法对案例企业的相关资料进行分析。

5.1.2　案例选择与资料收集

5.1.2.1　案例的选择方法与过程

在确定本书的案例时，主要是基于理论抽样等案例研究常用的抽样方法（Glaser & Strauss，1967；Eisenhardt，1991）。之所以采用理论抽样，主要是因为，与统计抽样相比，理论抽样是有计划地选择特定的案例进行现有理论的拓展，而不需要刻意地选择最能代表母本的样本来进行研究和分析。并且，理论抽样除了要考虑案例的特殊性和典型性外，还要考虑所选的案例组合是否有助于具有发展理论的潜力（郑伯埙、黄敏萍，2012）。基于此，本书在选择案例时有如下的标准：

首先，充分考虑了当前我国企业工资集体协商所面临的严重的"形式化"问题，即很多企业虽然签订了集体合同，但实际上并没有开展集体协商，由于没有开展或没有真正开展集体协商，导致无法对其集体协商组织场域中多重制度逻辑的张力及张力管理进行研究，所以，这些存在企业协商"形式化"问题的企业被排除在本书所选的案例之外。

其次，在选择案例时还考虑了企业工资集体协商的地域性、行业性及企业性质的差异，从长三角、珠三角、中部和西部几个区域的不同行业中进行选择，所选的企业包含国有企业、私有企业、中外合资企业等。

再次，所选择的案例都是真正实施过工资集体协商的企业，这些企业的工资集体协商不仅取得了积极效果，而且建制时间均在五年以上。这些案例企业的工资集体协商从无到有，从不完善到完善，经历了比较完整的发展周期，可以对本书的拟要研究问题进行纵向的①、立体的、系统的研究。

最后，案例企业与所在地的地方工会和地方政府之间在工资集体协商中有着良好的互动关系，并且企业与企业工会及员工在工资集体协商中关系融洽，集体协商取得了积极的效果。

总之，符合以上标准的案例企业共五家，这五家案例企业是从本书第4章的11家样本企业中优选出来并具有典型性代表的企业，如果说本书第4章扎根分析中的样本企业强调"数量多"，而本章的案例研究则更强调案例企业"质量好"，因为"质量好"的案例企业工资集体协商的信息量才是充足和完整的，才

---

① 所谓纵向研究，可用于分析事物历经时间变化的动态规律及背后的动力机制（Nicolaj Siggelkow，2008），本书对案例企业的工资集体协商从建制到运行机制成熟完善的整个实践过程进行动态的分析。

能支撑起本章的研究所需，而"质量不好"的企业工资集体协商的过程是不健全的，组织场域中各行动者之间的互动也是不充分的，由此，相关资料信息也是缺失的，无法对本章研究提供充分支撑。而如前文所述，理论抽样是有计划地选择特定的案例进行现有理论的拓展，所以，在理论抽样的方法指引下，本章严格按照前述筛选标准进行案例的选择。

5.1.2.2 资料收集

本章的内容重点是探索案例企业工资集体协商组织场域中多重制度逻辑之间的张力、张力管理实践及效果，主要通过访谈、查阅档案及参与式观察来收集资料。多样化的数据来源有利于构建"证据三角形"，对研究数据进行相互补充与检验，提升研究信度和效度（Eisenhardt，1989；Yin，2004）。

在国家有关单位企业工资集体协商课题项目的实施过程中，课题组依靠国家人力资源和社会保障系统及工会系统的力量在广东省、江苏省、湖北省、内蒙古自治区、河南省等地针对企业工资集体协商有关事项开展广泛的调研和访谈。作为项目组成员之一，笔者随课题组于 2020 年 6~8 月分别参与了上述地区 11 家企业的调研访谈，其中包括 1 家国有企业、3 家私有企业、2 家国企改制企业、2 家外资企业、2 家合资企业及 1 家台资企业，涉及的行业包括汽车制造、食品加工、电子制造、化妆品生产、物流、皮具制造等多个行业。调研对象既包括企业行政方、企业工会、员工代表，又包括当地人力资源和社会保障系统干部和地方总工会干部。为了课题进一步研究的需要，受项目组指派，笔者于 2020 年 10 月至 2021 年 2 月分别对上述 11 家企业进行了二次补充调研，并参与观察了部分企业的工资集体协商的准备和协商过程，查阅了工资集体协商的有关档案资料。在完成既定的科研目标任务后，课题于 2022 年 2 月顺利结项。在本书的写作过程中，按照本书的案例筛选标准，本书从原课题调研企业中，选出了 5 家案例企业（基本情况见表 5-1）进行针对性研究，经课题组同意，使用了原课题组部分数据资料，并且，在课题组的帮助下，基于本书的实际需要，笔者于 2022 年 5~7 月对上述 5 家案例企业进行了更为深入的田野调查和访谈（见表 5-2），其间参与了多场工资集体协商的内部会议，并参与观察了案例企业工会的日常工作及工会在工资集体协商有关环节的工作，查阅了企业行政方及企业工会有关工资集体协商的相关档案材料，并对工会、员工代表及行政方代表进行了访谈，此外对当地的人力资源和社会保障部门及地方总工会进行了交流，获取了本书所需的政策信息、会议纪要、工会总结等资料。

表 5-1　案例企业基本情况

案例编号	企业性质	所述行业	所在地区	企业成立时间	集体协商建制时间
WZDQ	私有	电气制造	湖北省襄阳市	2000	2017
DHQC	国有	汽车零部件	江苏省南京市	2010	2010
DFRC	合资	汽车制造	广东省广州市	2003	2011
DBSW	国企改制	生物制品	内蒙古自治区包头市	1997	1997
QGSP	私有	食品加工	湖北省宜昌市	2005	2013

表 5-2　案例企业访谈情况

案例企业	访谈人数（人）	总录音时长（分钟）	总录音字数（万字）	受访对象职位及人数
DBSW	8	367	3.2	工会主席1人、公司副总经理1人、人力资源管理经理1人、协商代表2人、员工代表3人
DHQC	7	333	2.8	工会主席1人、公司副总经理1人、人力资源管理总监1人、协商代表1人、分公司工会主席1人、员工代表2人
QUSP	7	349	2.9	公司董事长1人，公司常务副总经理兼工会主席1人，人力资源专员1人、协商代表1人、员工代表3人
DFRC	11	554	4.7	党委副书记兼工会主席1人、公司副总经理1人、人力资源管理科长1人、协商代表2人、分公司工会主席2人、员工代表4人
WZDQ	6	278	2.2	行政部经理兼工会主席1人、公司副总经理1人、人力资源管理专员1人、协商代表1人、员工代表2人

在参与课题及为本书研究所需而进行的补充调研的基础上，本章的案例研究

有了比较充足的资料，此外，在本案例的写作过程中，所遇到的案例企业的问题，也及时与案例企业进行了电话沟通。

5.2　案例企业概况及其工资集体协商建制背景

5.2.1　DBSW 公司

DBSW 科技有限公司（以下简称 DBSW 公司）最初成立于 1959 年，是在北京朝阳化工厂的制胶车间整体搬迁至资源丰富的内蒙古包头后成立的。1996 年，在市场经济的冲击下，经济效益大幅下滑，最终因负债过重而被迫实行政策性破产。1997 年 3 月 12 日，在此基础上发展壮大的集团接收重组破产后的精胶厂，开创包头市民营企业成功接收、重组国有企业的先例。1999 年，重组后的公司联合其他公司，成为中国某胶片公司的原料基地和我国感光工业的骨干企业。2010 年，公司更名为 "DBSW 技术股份有限公司"，2010 年 7 月，DBSW 公司在深交所创业板成功上市。

截至 2021 年 12 月，公司共有员工 716 人，全部为工会会员，基本上以大专以上应届毕业生为主，近 60% 的员工签订的是无固定期限合同，其余基本上签订的是 3~5 年的固定期限合同。一线员工月平均工资近 4000 元。DBSW 公司工会成立于 1997 年，设工会主席 1 人，由党委书记兼任，同时工会主席兼任员工代表监事，专兼员工会人员 5 人。

DBSW 公司的工资集体协商建制时间为 1997 年，是国内较早开展企业工资集体协商并一直持续到现在的典型企业。该公司当年为了实现顺利改制，公司主动按照《劳动法》规定，对劳动者工资的问题开展集体协商，签订了《集体合同》，向包头市劳动局（现为包头市人力资源和社会保障局）提交了《关于申请

〈集体合同〉审核的报告》并获得了批示。从 1997 年建制至今，DBSW 公司的企业工资集体协商制度从无到有，伴随着国家有关工资集体协商法律制度环境的变化，以及公司业务发展和管理体系变革而不断优化完善。

5.2.2　DHQC 公司

DHQC 实业有限公司（以下简称 DHQC 公司）是位于江苏南京的一家大型国有企业。2008 年国家发展和改革委员会发文批复同意与上汽集团联合重组，汽车零部件和服务贸易等非整车资产打包进入集团所属汽车股份有限公司并更名为 DHQC 实业有限公司。2008 年 4 月 15 日，DH 公司完成工商登记变更手续，正式成立。经历 10 余年发展，DHQC 公司已从组建初期销售规模 49 亿元，主营业务为汽车零部件和服务贸易的企业发展成为年销售规模 140 亿元。现下属汽车服务贸易企业 20 家（其中全资企业 13 家、合资企业 7 家），汽车零部件生产企业 14 家（其中全资企业 2 家、合资企业 12 家）。

截至 2021 年底，公司共有员工 6903 人，其中劳务派遣 560 人，全部为工会会员。员工中一线员工占比为 29%，平均年龄为 42 岁，男女比例为 3：1，大专及以上学历的员工占总人数的 69%；企业和员工之间 100%签订劳动合同，其中签订固定期限合同占比 17%，无固定期限合同占比 83%；员工月平均工作时长为 181 小时；员工平均工资高于最低工资 3 倍，其中一线员工平均工资为 6.07 万元/年，加班工资占比 6%；员工流失率为 2%。

DHQC 公司工资集体协商的建制是在外部压力和内在需求的双重背景下建制的。DHQC 公司自 2008 年成立以来，为了解决改革发展面临的难题，保留了国有的传统，以职工代表大会制度为核心，建立了包括集体协商机制在内的企业民主管理和沟通协商机制，并密切围绕企业在不同发展阶段的中心任务和面临的主要矛盾，相应地调整发挥主要作用的沟通协商机制和讨论的核心议题。在 2009 年企业初期转型基本完成后，企业经济状况有所好转。DHQC 公司的主要矛盾也由成立之初的企业改革与员工分流的矛盾转变为企业发展与员工分享的矛盾。为更好地解决员工在与企业共担风险之后的共享收益，真正使员工与企业形成利益、事业、命运共同体，DHQC 公司工会开始把集体协商作为主要渠道，解决工资分配问题，实现员工分享企业发展红利，这是 DHQC 的工资集体协商建制的内在需求背景，与此同时，南京市总工会和南京市人力资源和社会保障局为完成上级政府和上级工会有关工资集体协商推广的指标任务，对所在地区的企业工资集体协商的建制开展进行了广泛的宣传动员和指导监督，工资集体协商也是企业和谐劳动关系关键的重要评比指标。在上述外部背景下，DHQC 公司将工资集体协商制度在其公司内部正式建制。

5.2.3　QGSP 公司

湖北 QG 农业集团公司（以下简称 QGSP 公司）地处宜昌市某县，该县经济欠发达，QGSP 公司成立于 2005 年，作为县"一县一品"的带头企业，县政府对其长效发展尤为重视。该农业集团是一家以柑橘精深加工为主导，集农产品种植、加工、研发、出口、冷藏为一体的国家级农业产业化集团。集团下辖 11 个子公司。集团自成立以来，秉承循环经济理念，以提升现代农业技术、促进农民增产增收、打造百亿柑橘产业为己任，在省内外建立柑橘、蔬菜种植基地 4 万多亩，年生产、加工、销售农副产品 20 多万吨，直接提供就业岗位 1200 多个，间接带动 2.5 万农民增收。

截至 2021 年底，QGSP 公司共有员工 278 人，其中女员工 125 人，一线工人占 70%。另外，季节性劳务派遣 1000 余人。公司在职员工均为工会会员。年工资总额 2200 万元（不含劳务派遣）。公司 2010 年成立工会，工会共有 5 名工作人员，均为兼职，公司副总经理兼任工会主席。2012 年成立党委会，2013 年开始工资集体协商。

总体来说，QGSP 公司工资集体协商的建制是在外部压力和公司董事长战略思维的共同作用下促成的。一方面，QGSP 公司地处宜昌市，宜昌市历来重视企业集体协商工作。2010 年，宜昌市政府将开展工资集体协商纳入"和谐企业"

评选条件，对未开展工资集体协商的企业实行"一票否决"。2014 年 4 月，宜昌市人力资源和社会保障局发布了《关于继续在全市集中开展企业工资集体协商"百日行动"的通知》，要求年内已建会企业集体合同建制率达到 85％以上，员工 100 人以上（含 100 人）企业集体合同建制率达到 90％以上。该县经济欠发达，QGSP 公司作为县"一县一品"的带头企业，县政府对其长效发展尤为重视。该县人力资源和社会保障局多次在 QGSP 公司宣传集体协商，消除公司对集体协商的误解，为公司领导与员工答疑解惑，打消企业方与员工方的疑虑，为 QGSP 公司集体协商的建制起到了催化剂的作用。另一方面，公司法定代表人、董事长不仅在公司经营上具有远见卓识，而且在公司管理上也有其独到的想法。他认为员工是企业发展的基石，合理的诉求能够保证良好的沟通，而实现好员工诉求则是促进企业发展的重要环节。公司法定代表人、董事长特别重视工会的作用，他鼓励工会做实事，成为员工与公司领导沟通的桥梁。在将脐橙深加工产品销往海外的过程中，通过与国外企业的深入交流，QGSP 公司领导也了解到集体协商对于企业长效发展的重要意义，认为有必要在 QGSP 公司引入集体协商制度，更好地与国际接轨。基于上述的内外部因素，使得工资集体协商在 QGSP 公司建制并运行至今。

5.2.4　DFRC 公司

DFRC 公司位于广州市花都区，该区是广东省乃至我国重要的汽车整车和配件生产基地，汽车制造业在花都的整个经济比重中占有非常重要的地位。花都区目前共有汽车及零部件企业 180 余家，世界 500 强企业参与投资的项目达到 15 家，整车年产销量突破 100 万辆。DF 汽车乘用车公司是花都区汽车行业中唯一的整车生产企业，其余 180 家均为汽车零配件企业，并且 70％为外资企业。企业管理的文化呈现出国别化的多样性特征。目前，花都区汽车行业共有 3 万余名从业人员。DFRC 乘用车公司成立于 2003 年 6 月 16 日，位于广州市花都区，是 DF 汽车集团股份有限公司（DF 汽车集团股份公司持股比例为 49.5％，日产（中国）投资公司持股比例为 34.27%，日本自动车株式会社持股比例为 16.23%）旗下重要的乘用车板块，是国内具备全价值链的汽车企业之一。公司拥有广州花都和湖北襄樊两个生产基地，在 DF 有限中国战略中占有举足轻重的地位。

DFRC 公司共有 11 位工会专兼职工作人员，公司纪委书记兼任工会主席。截至 2021 年，拥有员工 18280 人，全部为工会会员，员工来自周边省份，以青年员工为主。

DFRC 公司的工资集体协商，建制于 2011 年。从建制背景来看，DFRC 公司工资集体协商机制是在内外部多重因素的共同驱动下建立的。首先，地处沿海地区的广州市经济相对发达，产业比较集中，劳动关系问题也比较突出，地方政府和地方工会对工资集体协商比较重视，2011 年 8 月 1 日，DFRC 积极响应广州市、区两级工会和劳动保障部门号召，积极推进工资集体协商，并纳入重点推进单位。其次，DFRC 对供应商企业停/罢工事件进行调研分析，并召开供应商人事交流大会，希望创建和谐的劳资关系，工资集体协商制度提上议程。同时，因为 DFRC 公司是中日合资企业，公司的中方股东 DF 汽车集团公司作为国资委直属央企，有重视建立工会组织和集体协商机制的传统，而公司的外资股东日产（中国）投资公司和日本自动车株式会社作为日资企业，同样有重视员工建言、员工参与、员工稳定性的雇佣传统。然而，中日合资企业在经营理念、管理理念方面存在一定差异，需要通过制度化的沟通机制加以解决，所以，DFRC 公司的集体协商机制也是建立在双方股东的雇佣风格特点以及共同的制度化沟通机制的需求之上的。

5.2.5　WZDQ 公司

WZDQ 股份有限公司（以下简称 WZDQ 公司）成立于 2000 年 3 月，是一家集科研开发、生产销售、技术服务于一体的科技型企业。2012 年，该公司产值 30 亿元，如今，它不仅是中国软起动行业的佼佼者，也是系统节能领域的领跑者，连续 9 年进入襄阳市工业企业 100 强。但襄阳无论是在本市高科技人才的培养方面还是在外部人才引进方面都内忧外患。一方面，本地人才资源不能满足 WZDQ 公司的需求；另一方面，WZDQ 公司从外部吸引人才不具有区位竞争优势。作为 WZDQ 公司距离最近的人才集聚地——湖北省会武汉，虽然是中国重要的科研教育基地，有高等院校 98 所，但是这批优秀的人才或被武汉市一系列人才引进措施所吸引留武汉就业，或远赴北上广深等一线城市，还会被距离武汉更近的城市分流，位于襄阳市的 WZDQ 公司，无论是地理位置还是经济环境，在人才引进方面都不具有足够的竞争力。

公司工会共有 7 名工会工作人员，全部为兼职，工会主席由行政部经理兼任。截至 2021 年，现有员工 900 余人，平均年龄 40 岁，20~30 岁的员工占 1/4，员工平均工资 5000 元（襄阳市社会平均工资为 3000 元）。

WZDQ 公司的工资集体协商建制于 2012 年。从建制背景来看，主要是在面临人才引进困境的情形下，在所在地地方总工会的指导建议及地方党政部门的推动下，接受并开始进行工资集体协商。党政部门迫切需要企业的留驻，而这又以企业发展和劳动关系和谐为前提。这些因素被认为是有利于协调劳动关系的集体协商制度的输入。同时，地方工会在前期与公司保持良好的互动关系基础上，借机向其介绍工资集体协商的制度理念和功能效用，使其接受并建立工资集体协商机制。

5.3　案例分析

5.3.1　工资集体协商组织场域中多重制度逻辑的张力

组织场域中的多重制度逻辑并非一直保持着兼容状态，如果制度逻辑间的兼容性较低时，多重制度逻辑之间会带来张力，尤其是竞争性的多重制度逻辑会在代表不同制度逻辑的组织成员之间产生持续的张力和冲突（Battilana et al.，2015），当然，多重制度逻辑之间的关系不仅表现为竞争和冲突，还表现为和平共处与融合（Reay & Hinings，2009），所以制度逻辑之间的关系有竞争性的（即竞争性制度逻辑），也有融合性的（融合性制度逻辑）。根据本书第4章关于企业工资集体协商组织场域中的多重制度逻辑及其关系的分析可知：企业外部的政治与治理逻辑和科层制逻辑之间存在"天然"的兼容性，企业内部的合法性与有效性逻辑和生存与发展逻辑之间整体上是融合性关系，商业与控制逻辑和生存与发展逻辑之间是竞争性关系，并且，商业与控制逻辑和合法性与有效性逻辑之间整体上也是竞争性关系。最后，企业的生存与发展逻辑和企业外部的政治与治理逻辑及科层制逻辑之间也是竞争性的关系。这些逻辑之间关系相互交织（见图4-9），直接影响着企业工资集体协商组织场域中行动者之间的互动策略及互动关系，最终影响企业工资集体协商的运行效果。

综合分析案例企业工资集体协商建制和运行的全过程可以发现，工资集体协商组织场域中多重制度逻辑（主要是竞争性制度逻辑）并存时，主要存在这些组织张力、绩效张力和归属张力，三种张力主要理论内涵分别是：组织张力多产生于冲突性的组织结构、文化、实践和流程（Smith & Lewis，2011）；绩效张力主要来自组织需要达成不同的甚至竞争性的目标，以满足不同利益相关者的多元化需求（Smith & Lewis，2011）；归属张力涉及身份的问题（Smith & Lewis，2011；Smith et al.，2013）。当需要确认"我们是谁"和"我们做什么"时，组织的多元目标和价值观会使组织成员体验到身份与归属方面的张力（Smith et al.，2013）。案例企业三种张力提炼分析过程如表5-3至表5-7所示①。

---

① 案例企业工资集体协商组织场域中的张力是在对案例企业的访谈记录、参与观察记录、档案资料等质性材料提炼分析基础上得出的。

表5-3　DBSW 公司工资集体协商组织场域中多重制度逻辑的张力

范畴	初步范畴	质性材料的筛选与归类
组织张力	与人力资源管理流程的冲突	与工资总额确定及工资日常管理流程的冲突
	与民主管理流程的冲突	与原有工资问题反馈与解决问题民主流程的差异
绩效张力	绩效要求和报酬期望的冲突	股东对财务指标的要求
		企业对青年职工的绩效期望
		青年员工对企业工资水平的期望
归属张力	不同利益相关者对企业工会的差异化要求和期望	员工对企业工会的期望
		企业工会对员工利益的维护职责
		地方工会和行政部门对企业工会的期望
		企业方对企业工会的工作要求

表5-4　DHQC 公司工资集体协商组织场域中多重制度逻辑的张力

范畴	初步范畴	质性材料的筛选与归类
组织张力	与人力资源管理流程的冲突	工资集体协商与国企工资总额确定流程的冲突
	与民主管理流程的冲突	工资集体协商与原有民主管理流程的冲突
绩效张力	与利益相关者目标的不协同	地方政府和工会劳动关系治理目标与企业经营发展状况的不协调
		员工的报酬期望超出企业的承受能力范围
		员工的工资诉求与工资总额约束的矛盾
归属张力	利益相关者对企业工会产生不同压力	员工民主测评给工会主席的压力
		企业行政方领导和考核对工会主席的制约
		企业工会的"双重"压力

表5-5　QGSP 公司工资集体协商组织场域中多重制度逻辑的张力

范畴	初步范畴	质性材料的筛选与归类
组织张力	与人力资源管理流程的冲突	公司行政方对工资单方面决策的流程受到冲击
		员工对集体合同意见反馈流程不明确
绩效张力	员工工资期望与公司经营状况的冲突	员工的工资涨幅超出行政方预期
		特殊时期员工对企业工资的非理性要求
归属张力	不同利益相关者对企业工会的差异化要求和压力	员工向工会表达对工资的差异化诉求
		企业行政方给企业工会带来的压力感
		地方工会对企业工会的无形压力

表5-6　DFRC公司工资集体协商组织场域中多重制度逻辑的张力

范畴	初步范畴	质性材料的筛选与归类
组织张力	与人力资源管理流程的冲突	公司行政方对工资单方面决策的流程受到冲击
		员工对集体合同意见反馈流程不明确
绩效张力	员工工资期望与公司经营状况的冲突	员工的工资涨幅超出行政方预期
		特殊时期员工对企业工资的非理性要求
归属张力	不同利益相关者对企业工会的差异化要求和压力	员工向工会表达对工资的差异化诉求
		企业行政方给企业工会带来的压力感
		上级工会对企业工会的无形压力

表5-7　WZDQ公司工资集体协商组织场域中多重制度逻辑的张力

范畴	初步范畴	质性材料的筛选与归类
组织张力	与原人力资源管理流程的冲突	对原有工资管理流程体系的"掣肘"
	与原民主沟通体系流程的冲突	对原有沟通体系的冲击及流程"互斥"
绩效张力	员工对企业非理性的报酬诉求	企业担心员工过度关注工资和非理性诉求
		蓝领工人因"攀比"而对工资涨幅的主观、非理性诉求
归属张力	不同利益相关者对企业工会的差异化要求和压力	地方工会对企业工会工资集体协商工作的重点关注和较高预期
		企业老板要求企业工会不能出现负面舆情
		不同岗位员工对企业工会工作的差异化诉求

这三种张力的存在影响着案例企业工资集体协商能否平稳运行、能否取得应有效果，并且，不同张力对案例企业工资集体协商的影响也不相同，下文就此展开具体的分析。

5.3.1.1　组织张力：主动引入和被动植入两种不同建制方式均需跨越的第一道障碍

从五家案例企业工资集体协商的建制背景，除DBSW公司是主动引入的工资集体协商制度外，DHQC公司、QGSP公司、DFRC公司和WZDQ公司四家案例企业整体上均为被动植入的。但无论是哪一种建制方式，案例企业都首先要面临着制度落地的第一道障碍——组织张力。组织张力产生的深层次原因主要是企业工资集体协商组织场域中的政治与治理逻辑、科层制逻辑和企业的商业与控制逻辑之间冲突，即地方政府和地方工会制定了企业工资集体协商有效的推进策略和有力的专项政策，开展了一系列推进企业工资集体协商的实际行动①，在这样的背景下，企业主动或被动地将工资集体协商机制植入企业内部，并由此产生了工资集体协商与企业原有的人力资源管理、民主管理等机制体系之间的矛盾和冲突。

一方面，由于企业原有的工资总额和工作标准的确定主要是企业行政方单方面确定的（如 DBSW 公司、QGSP 公司、WZDQ 公司这些私有性质的公司）或由企业的主管机构确定的（如 DHQC 公司、DFRC 公司这些国有企业或具有国资背景的企业，工资总额都是由主管单位确定的），工资集体协商机制的植入，在流程上与人力资源管理产生了冲突。访谈中，访谈对象中比较有代表性的描述是："工资集体协商建制后，要企业方和员工一起协商确定，这给我们人力资源部的工作带来很大冲击，工资核算总额测算及分配的难度存在很多不确定性，流程上也一时很难捋顺。"

另一方面，案例企业在工资集体协商机制植入之前，都有一定的民主管理基础，建立了不同的民主管理机制，如 DFRC 公司有比较多样的民主管理体系。在

---

① 在案例企业 DBSW 公司中，企业工资集体协商建制于 1997 年，在建制初期，正值我国社会主义市场经济制度建立和国有企业改革的关键时期（黄茂兴、唐杰，2019），随着中央与地方政府的分税制改革，地方政府享有了发展地方经济的剩余索取权，激励了它们发展地方经济的积极性和主动性（尚虎平，2018），包头市作为内蒙古自治区经济和产业发展的重要地区，对区域内企业发展特别是国有企业改革工作十分重视，DBSW 公司的工资集体协商机制的建立，既是企业改制的需要，也是包头市政府激活地方企业发展活力的需要，同时，由于市场化转型后，我国工会也进行适应性改革，工会四大职责中的维护职责被凸显出来（吴建平，2021），地方工会为履行其职能，积极推进工资集体协商工作。而案例企业中的 DHQC 公司、QGSP 公司、DFRC 公司、WZ 电气公司工资集体协商的建制时间均在全总"两个普遍"提出之后，这四家案例企业所在的地方政府和地方工会，为完成上级下达的集体协商的任务指标，制定了一系列制度推广的政策和"压力措施"，如 QGSP 公司所在的宜昌市在 2010 年将开展工资集体协商纳入"和谐企业"评选条件，对未开展工资集体协商的企业实行"一票否决"。2014 年 4 月，宜昌市人力资源和社会保障局发布了《关于继续在全市集中开展企业工资集体协商"百日行动"的通知》，要求年内已建会企业集体合同建制率达到 85% 以上，员工 100 人以上（含 100 人）企业集体合同建制率达到 90% 以上。DFRC公司所在的广东省广州市、DHQC 公司所在的江苏省南京市及 WZDQ 公司所在的湖北省襄阳市的相关政府部门及地方总工会都有类似的政策和措施。

工资集体协商机制植入之后，工资集体协商与案例企业的原有的民主管理体系在流程上产生了冲突、在职能上产生重合等。在案例的访谈中，都对这个问题进行了不同的描述，如 DFRC 的工会主席所述："公司具有国企和日资企业的双重基因，原有的企业民主体系相对健全，且具有国企和日资企业的双重特色，由于工资集体协商与日本的集体谈判制度有差异，工资集体协商建制后，对原有民主管理机制有部分功能重合，尤其是流程上存在交叉甚至错位问题。"

上述工资集体协商组织场域中的组织张力，从根源上来看，是组织场域中企业的商业与控制逻辑与地方政府的治理逻辑及地方工会的科层制逻辑之间兼容性较低造成的（Besharov & Smith，2014）。组织张力的存在，使得企业在企业工资集体协商建制初期，遇到运行不畅，最终使得工资集体协商的周期拉长，增加企业对开展工资集体协商的"顾虑"，影响了工资集体协商的运行效果。

5.3.1.2　绩效张力：影响企业工资集体协商效果的主要障碍

当前，在工资集体协商制度的诸多实施障碍中，"企业不愿谈"往往被列为首要障碍（王黎黎，2018）。也有学者（吕景春等，2015）认为，集体协商推行多年，但实施与推广效果并不显著，原因很大程度上在于以往的集体协商缺失了企业的主动参与。那么，为什么企业不愿意主动参与？杨成湘（2018）认为，虽然中国的集体协商前途光明，但要让这项制度真正健全完善并发挥应有的作用，还必须着重解决企业等主体对集体协商认识不到位的问题，有的企业经营者对集体协商存有排斥心理，认为开展集体协商会提高企业的生产成本。林嘉（2012）在分析企业对集体协商认知出现偏差的原因时，也得出同样的研究结论：即很多企业对工资集体协商持排斥、消极态度，担心工资集体协商提高企业的运行成本，稀释企业的利润。

从五家案例企业工资集体协商建制和运行的总体情况也可以看出，绩效张力是影响工资集体协商执行效果的首要障碍。工资集体协商组织场域中包含了地方政府、地方工会、企业、企业工会及劳动者等多个行动主体，这些行动主体之间同时也是利益相关者，即他们对工资集体协商有着不同绩效目标：政府和地方工会既要完成工资集体协商推进，也要履行各自的法定职责，如区域劳动关系治理、产业治理和经济发展等；企业的首要目标是盈利，其次要对企业生产秩序、员工关系等进行有效控制；企业工会既要在工资集体协商中起到组织和推动作用，也要平衡企业和劳动者之间的利益关系，以达到预期的协商效果；劳动者需要通过集体协商获取生存所需的工资保障，同时，力图分享企业的经营发展成果。鉴于上述原因，在工资集体协商中，不同利益相关者的绩效目标的差异，造成了绩效张力的出现，使得企业对开展工资集体协商有不确定性的预期，这种不确定预期的存在使得企业有"工资集体协商会的结果不可控""员工工资会刚性增长"的认知和顾虑，由此，企业"不愿谈"的问题便产生了，而企业的"不愿谈"的直接结果就是工资集体协商的"形式化"及质效不高。

从根源上来看，案例企业工资集体协商中的绩效张力，主要是由于企业的商业与控制逻辑与政府的治理逻辑、地方工会的科层制逻辑及企业工会的合法性有效性逻辑、员工的生存与发展逻辑之间的中心性、兼容性低造成的（Besharov & Smith，2014）。绩效张力的症结在于企业绩效目标与员工绩效目标之间冲突，企业与利益相关者的绩效张力是由此衍生的。绩效张力的存在直接影响了企业开展工资集体协商的"意愿"，最终影响了工资集体协商是否能够真正开展以及是否能够有效开展。

5.3.1.3 归属张力：企业工会在工资集体协商运行中的身份困境

有学者将工资集体协商"形式化"及质效不高的问题归因于中国工会的"代表性"不足（程延园，2004；金红梅，2012）、类政府性质（许晓军、吴清军，2011），"双重"角色（徐小洪，2010），缺少独立性，职能履行不够（石晓天，2012）。也有学者将集体协商实效不高归因于企业工会的"制度性弱势"（冯钢，2006），企业工会对资方的从属性和依附性是工会最大的"制度性弱势"（胡磊，2012），使劳动者通过工会"组织性优势"改变"强资本弱劳动"格局的力量大打折扣，企业工会无法解决在集体协商中的独立性和代表性问题，工会干部广泛的行政兼职使名义上的集体协商成为实际上的"管理者的文字游戏"，甚至有些工会干部还站在企业经济利益的立场上，阻碍劳动者分享企业的发展成果（许晓军，2010）。

综合案例企业工资集体协商建制和运行情况，确实存在企业工会对企业行政方有行政依附性（闻效仪，2016）的客观事实，同时，在工资集体协商的工作开展中，企业工会既要接受地方工会的指导和监督，又要满足企业方和员工方的利益诉求，企业工会在工资集体协商中，始终需要兼顾合法性和有效性，并在二者之间寻求平衡（孟泉，2014），始终面临着归属张力。而且归属张力产生的原因主要是其自身的合法性与有效性逻辑地方工会的科层制逻辑、员工的生存与发展逻辑及企业的商业与控制逻辑之间的兼容性低（Besharov & Smith，2014）造成的。归属张力的存在使得企业工会在工资集体协商时出现了身份困境，在工资集体协商中，企业工会的这种身份困境，使得在案例企业的工资集体协商建制初期出现"不敢谈"的问题，作为工资集体协商的主要组织者和推动者，"不敢谈"问题的存在直接造成了工资集体协商变成"走形式""茶话会""有结果、无协商"（杨正喜，2015），加剧了工资集体协商质效不高的问题。

5.3.1.4　张力产生的原因及结果的逻辑关系

通过上述对案例企业的分析可以发现，企业工资集体协商中多重制度逻辑之间的中心性和兼容性的状态，特别是兼容性状态，直接导致了企业工资集体协商中多重制度逻辑之间组织张力、绩效张力、归属张力的产生，这三种张力的存在使案例企业在工资集体建制初期及工资集体协商运行中遇到障碍和阻力。其中，组织张力、绩效张力的存在直接影响了企业开展工资集体协商的"意愿"，诱发了"企业不愿谈"的问题，成为工资集体协商运行的首要障碍（王黎黎，2018），而归属张力的存在，诱发了"企业工会不敢谈"的问题，最终，影响了案例企业在工资集体协商建制初期的质效。

综上所述，不难得知，案例企业工资集体协商组织场域中多重制度逻辑间张力产生的原因及带来的影响之间，存在如图5-1所示的内在逻辑关系，该图诠释了张力产生原因及其影响结果的内在机理与逻辑。

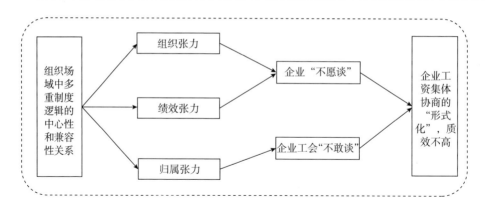

图 5-1　企业工资集体协商多重制度逻辑间张力的产生原因及影响

5.3.2　工资集体协商组织场域中多重制度逻辑的张力管理实践

对于如何解决多重制度逻辑的张力问题的研究文献数量较少，且主要是通过案例研究展开，尚处于理论探索和建构的初级阶段。不同的案例得出了不同的研究发现，尚未形成统一的结论（葛明磊，2018）。案例企业工资集体协商组织场域中多重制度逻辑的组织张力、绩效张力和归属张力，直接影响了工资集体协商制度在企业的建立和运行效果。案例企业进行了形式多样、针对性强的管理实践活动。案例企业张力管理实践的分析过程如表 5-8 至表 5-12① 所示。

表 5-8　DBSW 公司工资集体协商组织场域中多重制度逻辑的张力管理

范畴	初步范畴	质性材料的筛选与归类
流程的优化与再造	外部专业机构介入流程问题诊断与再设计	聘请外部专业机构解决流程冲突问题
	工资集体协商与相关机制流程的衔接和调适	民主管理、行政管理流程体系的优化与调适
		工资集体协商与民主管理机制及沟通机制的协同
		工资集体协商与人力资源管理的紧密衔接

---

① 案例企业工资集体协商组织场域中的张力管理是在对案例企业的访谈记录、参与观察记录、档案资料等质性材料层层提炼分析的基础上得出的。

续表

范畴	初步范畴	质性材料的筛选与归类
利益共同体的构建	信息对称性	公司生产经营信息的厂务公开
		职代会报告公司经营和工资增长计划
		座谈会收集工资集体协商议题、征集意见
	绩效与报酬的对等承诺与对等实现	集体协商会议前通过沟通达成基本共识
		形成基于工资集体协商的企业收入分配共商共决机制
身份定位与工作方式创新	进行有效的宣传	工会通过宣传赢得员工的支持和积极参与
	利益的引导	工会让企业和职工看到工资集体协商的积极作用
	"说和人"的工作身份	工会就业绩目标和工资要求分别与员工和企业进行双向沟通
	工会主席岗位的设计与选任标准	党委书记兼任工会主席提升维护职工权益的力量
		注重工会主席的能力素质和群众基础

表 5-9　DHQC 公司工资集体协商组织场域中多重制度逻辑的张力管理

范畴	初步范畴	质性材料的筛选与归类
流程的优化与再造	实现工资集体协商与人力资源管理流程的衔接	工资集体协商与薪酬总额及绩效考核、薪酬结构的流程衔接
	工资集体协商与民主管理流程衔接	工资集体协商与原有民主管理流程衔接
利益共同体的构建	实现劳资双赢的原则	将工资集体协商实现劳资双赢的原则制度化
	基于企业效益的工资增长规则	围绕企业效益形成工资增长的共识规则
	和谐劳动关系治理的企业和地区目标的协同	以工资集体协商推动企业和地区劳动关系的构建
身份定位与工作方式创新	"中间人"的角色	"一手托两家"的角色定位
	工会主席的岗位与能力的界定	工会主席的岗位设计和能力建设
	民主管理机制的运用	充分发挥民主管理机制的作用
	"双维护"的沟通机制	"双维护"的工作原则和多方沟通机制

表 5-10　QGSP 公司工资集体协商组织场域中多重制度逻辑的张力管理

范畴	初步范畴	质性材料的筛选与归类
流程的优化与再造	重视流程及相关问题	公司重视工资集体协商建制后对原有组织、职责和流程的冲击
	解决流程及有关事项	制定优化后的组织、职责和流程手册

续表

范畴	初步范畴	质性材料的筛选与归类
利益共同体的构建	利润与报酬的对等承诺	协商前先确定利润与工资之间的变动规则
	企业经济压力与工资短期增量的平衡	通过化整为零来降低公司的经济压力
身份定位与工作方式创新	工会主席的岗位设计	工会主席岗位设置的特殊功能
	工会主席的能力素质要求	注重工会主席的能力素质
	工会的工作方式创新	工会调研职工诉求并传递给公司行政方
		工会主席与企业行政方沟通的技巧
		善于通过其他组织机制"借力打力"
	工会"和事佬"的角色定位	工会扮演"和事佬"协调企业方和职工的利益诉求

表 5-11　DFRC 公司工资集体协商组织场域中多重制度逻辑的张力管理

范畴	初步范畴	质性材料的筛选与归类
流程的优化与再造	与民主管理流程融合	与原有民主管理体系的流程融合
	与人力资源管理流程的融合	工资总额多头管理的流程再设计
利益共同体的构建	薪酬与绩效的对等实现	工资调整与企业经营发展的结合
	共建共享的价值导向	发挥"共建共享"文化的辐射作用
	基于经营情况的二次协商	考虑差异化的上下联动的协商机制
身份定位与工作方式创新	工会主席的岗位设计	工会主席岗位设计上目标导向
	工会的工作方式创新	企业工会对员工的思想管理和权利保障
		工会与企业行政高层的制度化的沟通协调机制
		工会与企业行政部门的信息共享与沟通机制
	工会的角色定位	员工"中间人"与企业发展促进者

表 5-12　WZDQ 公司工资集体协商组织场域中多重制度逻辑的张力管理

范畴	初步范畴	质性材料的筛选与归类
流程的优化与再造	与人力资源管理体系流程的融合	与工资管理及绩效管理工作的流程融合
	与民主沟通体系的流程融合	多层次沟通体系的制度化和流程融合
利益共同体的构建	利润与报酬的对等承诺	企业经营情况与工资变动的关联
	类别化协商	通过类别协商弥合员工多样化的工资诉求

续表

范畴	初步范畴	质性材料的筛选与归类
身份定位与工作方式创新	工会主席的岗位设计	对工会主席岗位进行改造设计
	工会的工作方式创新	将工会党务及企业日常工作的融合
	工会"中间人"的角色定位	作为"中间人"推动企业和员工之间沟通机制建设

从上述表中的分析过程可知，案例企业张力管理的实践虽然在形式上存在一定的差异，但从类别上均可归为流程的优化与再造、利益共同体的构建、身份定位与工作方式的创新三个类别，并且每个类别的张力管理实践用来解决不同的张力，具体如下文分析。

5.3.2.1　流程的再造与优化：对工资集体协商多重制度逻辑组织张力的管理

如前所述，五家案例企业工资集体协商组织场域中多重制度逻辑的张力之一是组织张力，它是案例企业工资集体协商中首先进行管理的张力。针对这个张力，由于我国工资集体协商制度刚推行不久，缺少可借鉴的经验，DBSW 公司分别在工资集体协商建制初期、《劳动合同法》颁布实施后、公司上市前等第三个时期，采用聘请外部专业咨询机构的方式，分别对公司的组织架构、部门职责划分及工作流程等进行全面和系统的诊断梳理和再设计，从访谈和查阅公司档案中获知其中的一些细节："建制后，工资集体协商与其他管理机制在流程上冲突的问题比较突出，影响了公司正常工作的开展，公司自己缺少专业的技术和经验，就聘请了一家咨询公司来帮助解决这个问题；公司上市前后，依据《公司法》等法律的要求及监管机构的监管，主动聘请外部咨询公司对公司的行政管理、民主管理流程体系进行了全方位的梳理与优化，使其与工资集体协商的流程进一步调适；《劳动合同法》颁布实施后，对公司人力资源管理流程体系进行了全流程的合规与优化，使工资集体协商与人力资源管理流程的衔接更加紧密"（DBSW 公司访谈记录节选）。

与 DBSW 不同的是，其他四家案例企业工资集体协商建制时间均在 2010 年后，四家公司所经历内外部环境变化的复杂程度低于 DBSW 公司，加之已有外部其他企业的经验积累，所以，这四家案例企业均是在公司管理层的推动和公司内部力量的支持和配合下，完成了对工资集体协商相关工作流程的再造或优化设计。四家企业中，DFRC 公司和 DHQC 公司具有国企背景，在流程再造和优化上较之其他案例企业工作的难度相对较大。这一点可以通过四家案例企业给以佐证："经中日方股东的一致同意，公司党委牵头协调，人力资源部、工会及分子公司工会、行政方，基于各自原有的民主管理体系，结合公司依据工资集体协商的法定流程进行流程的梳理，找出问题点，并制订了优化和调整方案；在工资总额这一棘手敏感问题的处理上，薪酬和战略委员会及上级单位深入研讨后，对工资总额的确定流程进行有机融合，并将人力资源管理中的薪酬分配和绩效考核流程与之进行对接"（DFRC 公司访谈记录节选）。

"每次集体协商会议前，公司组织协商代表集中学习南京市国资委有关工资总额的最新政策，确保工资集体协商在既定工资总额政策范围内开展，并在分子工资进行'二次'协商，协商后与人力资源管理绩效考核、薪酬结构设计等流程进行对接；在法定的工资集体协商的基本流程基础上，将党委决策的流程引入进来，确保了在公司党委的领导下，工资集体协商的启动和协商结果等环节有权威的保障；原有的职代会、厂务公开、员工董监事等民主管理机制与工资集体协商的筹备、开展和集体合同执行等环节进行流程上的调适和衔接"（DHQC 公司访谈记录节选）。

"公司董事长牵头专门对公司的组织架构、部门职责、流程体系进行了系统的分析，找出了部门职责不清晰、职责缺位、越位及流程不顺畅的问题，并重新编制了《QGSP 公司部门职责划分及工作流程手册》"（QGSP 公司访谈记录节选）。

"工资集体协商机制建立后，公司人力资源部与工会成立专项工作组，基于工资集体协商的法定流程，对人力资源管理的工资管理、绩效考核工作模块与工资集体协商在流程上实现衔接；制定《WZDQ 公司多层次沟通办法》，积极推动多层次立体化的沟通体系制度化，并将工资集体协商融入该沟通体系中，实现流程融合，功能互补"（WZDQ 公司访谈记录节选）。

通过对案例企业的上述分析，尽管案例企业针对工资集体协商组织场域中多重制度逻辑的组织张力的管理采取不同形式的管理实践措施，但整体上讲，都是可以归为"流程的再造与优化"。

5.3.2.2　利益共同体的构建：对工资集体协商多重制度逻辑绩效张力的管理

如前所述，绩效张力主要是工资集体协商组织场域中多重制度逻辑间的冲突和矛盾所致，具体表现为工资集体协商组织场域中各个行动者或利益相关者之间绩效目标的冲突。若要管理绩效张力，就要找到关键的突破口或着力点，以达到纲举目张的效果。综合分析案例企业的绩效张力实践后发现，解决各利益相关者的绩效张力问题，可以从企业内部进行着手突破，只要能解决企业和劳动者之间的绩效张力，其他主体间的绩效张力也即随之解决，因为只要企业和劳动者之间实现绩效目标的平衡，二者在集体协商之中的分歧和冲突将得到有效控制，工资集体协商也将顺利而平稳地开展，进而也实现了地方政府和地方工会推广集体协商制度的目标任务，企业工会的合法性和有效性目标也将得以实现。综观案例企业工资集体协商的管理实践，构建企业与劳动者之间的利益共同体，是有效管理绩效张力的关键途径，并基于此实现了工资集体协商利益相关者的多方共赢。具体来讲，案例企业对利益共同体的构建主要从两个方面进行着手：

一方面，案例企业在工资集体协商的全过程都坚持协商双方的信息对称性，这是协商双方建立信任的基础，也是预防和化解工资集体协商潜在分歧和矛盾的关键。五家案例企业中，都建立了厂务公开制度，并且，在工资集体协商前，企业方和劳动者之间均通过座谈会、问卷调查等形式展开充分的沟通，使彼此信息对称。

另一方面，案例企业在正式的协商会议之前，通过双方的充分沟通，都形成了一个共识的规则。这个共识规则在 DFRC 公司和 DHQC 公司就体现为一个工资增长与企业经营发展、市场环境、行业发展等紧密相关的工资增长公式（见表 5-13），在 WZDQ 公司和 QGSP 公司中就体现为企业利润增长与员工工资上涨之间一个对应的比例关系；在 DBSW 公司体现为："工会年底根据上一年业绩和下一年目标与各部门、各条线的员工就绩效指标分解进行沟通，并征集员工的工资变动意见，然后再与行政方进行沟通，最后双方达成共识"（DBSW 公司访谈记录节选）。

表 5-13　DFRC 公司薪酬调整关键因素及其权重　　　　　　单位：%

影响因素	权重（Xi）
物价指数（CPI）增长率	40
行业工资增长指导线	15
上年度实际工资增长率	15
单位利润增长率	15
单位销售收入增长率	15
人均工资增长率计算公式：$\alpha = \sum (RiXi)$	

通过对案例企业的上述分析，尽管案例企业针对工资集体协商组织场域中多重制度逻辑的绩效张力的管理采取不同形式的管理实践措施，但整体上讲，都是可以归为"利益共同体的构建"，并且，通过企业与劳动者之间利益共同的构建带动工资集体协商利益相关者之间的利益共同体的构建。

5.3.2.3　身份定位与工作方式的创新：对工资集体协商多重制度逻辑归属张力的管理

如前所述，企业工资集体协商中的归属张力主要是由于企业工会对资方的从属性和依附性，是工会最大的"制度性弱势"（胡磊，2012）造成的，同时，也彰显了企业工会的合法性与有效性制度逻辑与工资集体协商组织场域中其他制度逻辑尤其是企业的商业与控制逻辑之间存在一定的兼容性问题（Besharov & Smith，2014）。归属张力使企业工会在工资集体协商中陷于身份困境。从案例企业应对归属张力的管理实践来看，主要是从工会主席的岗位设置和工会主席的人员选配，以及工会在工资集体协商中的角色定位、工会工作方式的创新等方面进行着手。

首先，在工会主席的岗位设置上，五家案例企业的工会主席均由公司高管或中层管理人员兼任，其中，DFRC 公司的工会主席和 DHQC 公司的工会主席均由公司党委书记兼任，DBSW 公司的工会主席由办公室主任兼任（办公室主任同时兼任公司党委书记），WZDQ 公司的工会主席由行政部经理兼任，QGSP 公司的工会主席由公司常务副总经理兼任。工会主席上述岗位设计方式大大提高了工会主席在工资集体协商工作推进中的资源调动能力和协调能力。同时，在案例企业工会主席的选任上，特别注重工会主席的领导力、协调能力和基层工作经验，其中，QGSP 公司的工会主席的能力素质和工作经历特别具有代表性："公司的工会主席胡某以前是一名英语教师，董事长发现了其良好的沟通协调能力和语言表达能力以及办事能力，将其聘用为常务副总经理，胡某担任工会主席后，爱管'闲事'，员工很多私事都找工会主席帮助处理，深受员工的信任和拥护；工会主席注重工作方法，和老板反馈员工集体协商诉求时，找准合适的时点，比如，老板状态好的时候比较容易好谈"（QGSP 公司访谈记录节选）。

其次，案例企业的工会在工资集体协商中自我的身份定位，在案例企业中具体表现为：企业与员工之间的"中间人"（DHQC 公司、DFRC 公司）、"和事佬"（QGSP 公司）、"说和人"（DBSW 公司）、"一手托两家"（DHQC 公司）等角色。正是基于这种定位，工会在企业行政方及劳动者之间通过不同的沟通方式进行反复的双向沟通来促进双方的信息对称性和相互信任。

最后，基于企业工会的身份定位，在案例企业工会的工作方式上，也呈现出诸多的创新性和灵活性。具体而言：

QGSP 公司工会主席在访谈中多次提到："工会充分利用职代会、党支部等组织机制，选举正能量有威望的员工来担任协商代表；'堵不如疏'与其集体协商，不如先入为主，工会在集体协商正式开展前，进行了广泛的调研工作。为全面了解员工对工资集体协商的意见与建议，同时，公司多次召开董事会、企务会、销售形势分析会、生产调度、班组会等各类会议分析员工的诉求"（QGSP 公司访谈记录节选）。

DBSW 公司的工会主席在访谈中也提到该企业工会在工作中的创新之处："公司工会通过培训、内刊、评价等方式对工资集体协商进行宣传，积极引导广大员工自觉参与和支持工会与企业开展集体协商工作，为工资集体协商奠定了群众基础"（DBSW 公司访谈记录节选）。

DFRC 公司在工会的工作方式上融合国企和日资企业的先进经验："建立公司总经理、公司工会主席定期会晤制度，加强企业工会与企业行政方的沟通；建立劳动管理情况通报协商会制度，劳动管理情况通报会的主要议题为：通报国家有关劳动管理和薪酬分配制度的新法律、新法规、新政策；介绍国内有关劳动管理和薪酬分配制度的动态、信息；通报公司有关劳动管理和薪酬分配制度的动态、信息，以及出现的新情况、新问题；通报员工对劳动管理和薪酬分配制度的意见和建议；商议解决新问题的措施和办法"（DFRC 公司访谈记录节选）。

DHQC 公司工会的工作创新变现为："工会坚持'双维护'的工作原则，在工资集体协商的各个流程中，充分调研，与员工、企业行政方代表、党委及公司总经理等多方进行不同形式的沟通，并充分发挥民主管理机制的作用"（DHQC公司访谈记录节选）。

而 WZDQ 公司的工会则重点在沟通机制建设上下功夫："积极推动建立多层次、立体化的沟通体制，多层次立体化的沟通机制保证了沟通顺畅、有效，赢得企业和员工方对工会开展工资集体协商工作的支持，促使企业方和员工在工资集体协商的准备阶段通过充分沟通达成默契，减少了协商中的分歧"（WZDQ公司访谈记录节选）。

通过对案例企业的上述分析，尽管案例企业针对工资集体协商组织场域中多重制度逻辑的归属张力的管理采取不同形式的管理实践措施，但整体上讲，都是可以归为"身份定位与工作方式的创新"。

5.3.3 工资集体协商组织场域中多重制度逻辑张力管理的效果

通过对案例质性材料的综合分析得知，案例企业针对工资集体协商组织场域中多重制度逻辑张力的管理实践，主要产生了两方面的效果：一方面，不断推动企业工资集体协商组织场域实现生态化[①]（见图 5-2），另一方面，直接促进了

---

① 这里的"组织场域生态化"概念，由组织生态学的相关理论衍生出来，其具体内涵是：组织场域内的各个利益相关者之间，形成的一种相互依存、互利共生的关系。组织生态学借鉴生物学、生态学、社会学等学科的知识，结合新制度经济学和产业经济学等学科的理论来研究组织个体的发展以及组织之间、组织与环境之间的相互关系，经过 20 多年的发展，组织生态学已成为了组织理论的一个重要分支。

企业工资集体协商质效的提升（见图 5-3）。

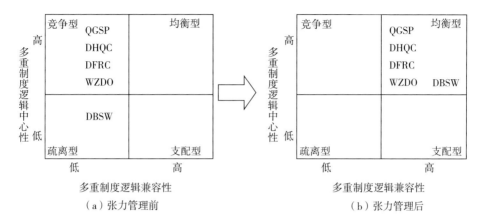

图 5-2　张力管理前后案例企业多重制度逻辑的中心性及兼容性变化

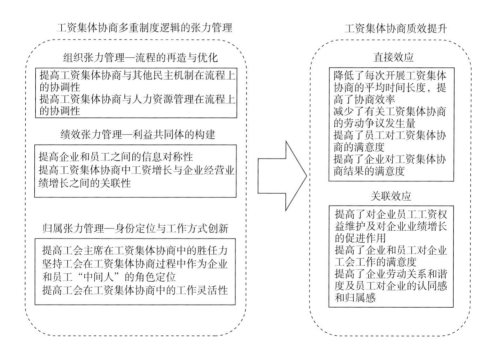

图 5-3　多重制度逻辑的张力管理对工资集体协商质效的影响①

---

　　① 图 5-3 是根据案例企业的相关质性材料，由本书作者概括提炼而得。其中，工资集体协商质效提升中的直接效应指的是张力管理对企业工资集体协商的直接影响，而关联效应指的是张力管理对企业工资集体协商的间接影响。

5.3.3.1 组织场域生态化：多重制度逻辑张力管理对企业工资集体协商组织场域的影响

制度逻辑是组织场域的关键组成要素，而组织场域则是制度逻辑的实践空间（毛益民，2014）。在企业工资集体协商组织场域中，政治与治理逻辑、科层制逻辑、商业与控制逻辑、合法性与有效性逻辑及生存与发展逻辑等多重制度逻辑同时并存。根据本书前述的组织场域理论，组织场域中的多重制度逻辑并非一直保持着兼容状态，兼容性较低时，多重制度逻辑之间会带来张力，尤其是竞争性的多重制度逻辑会在代表不同制度逻辑的组织成员之间产生持续的张力和冲突（Battilana et al.，2015）。实践中，管理组织场域内多个组织的多重制度逻辑产生的张力是一种常态。通过构建适当的流程和机制主动应对多重制度逻辑带来的张力，可以缓解组织场域的张力（Ramus，2017），并获得组织场域中利益相关者的支持（Pache、Santos，2013）。

Besharov 和 Smith（2014）从中心性和兼容性这两个维度将组织（或组织场域）内逻辑多重性分为竞争型（Contested）、均衡型（Aligned）、支配型（Dominant）和疏离型（Estranged）的四种不同类型（见图5-2）。在本书的五家案例企业中，DBSW 公司的工资集体协商建制时间相对较长，多重制度逻辑之间的中心性和兼容性的变化相对复杂。首先，从中心性视角看，DBSW 工资集体协商建制初期，政治与治理逻辑、科层制逻辑、商业与控制逻辑、合法性与有效性逻辑及生存与发展逻辑五种制度逻辑在企业工资集体协商组织场域中的中心性较高，即多重制度逻辑的影响力都有明显体现，没有单一逻辑起主导作用，随着时间的推移，上述内、外部环境的变化，使得 DBSW 公司企业工资集体协商组织场域中多重制度逻辑的中心性在变弱，即企业的商业和控制逻辑起到主导作用，其他的制度逻辑处于被主导地位。其次，从兼容性视角看，地方工会的科层制制度逻辑与地方政府的政治与治理逻辑始终是兼容的，而企业商业与控制逻辑与企业工会的合法性与有效性逻辑及员工的生存与发展逻辑之间，以及企业商业与控制逻辑与政府的治理逻辑及科层制制度逻辑之间也存在着兼容性的问题。其他四个案例企业，工资集体协商建制时间相对较短，工资集体协商组织场域中多重制度逻辑的中心性和兼容性特征比较相似，即工资集体协商建制初期的中心性比较高，地方工会的科层制度逻辑与地方政府的政治与治理逻辑始终是兼容的，而企业商业与控制逻辑和企业工会的合法性与有效性逻辑及员工的生存与发展逻辑之间，以及企业商业与控制逻辑和政府的政治与治理逻辑及科层制度逻辑之间也存在着兼容性的问题。

但是，各案例企业通过张力的管理实践，使组织场域内的多重制度逻辑的中心性和兼容性发生了变化，并由此而缓解了工资集体协商组织场域中的张力。张力管理前后的多重制度逻辑之间的关系变化如图 5-2 所示。

案例企业对工资集体协商组织场域中的张力，多重制度逻辑之间的中心性和兼容性发生了变化，也即多重制度逻辑之间的关系类型发生了变化。根据 Besharov 和 Smith（2014）的理论阐释，竞争型容易产生大量冲突或张力，疏离型容易产生温和冲突或张力，支配型没有冲突或张力，均衡型有较小冲突或张力。由于案例企业的张力管理实践，多重制度逻辑类型分别由竞争型、疏离型都转变为均衡型。因此，案例企业工资集体协商组织场域中的组织张力、绩效张力、归属张力得到了有效缓解。并且，随着组织场域中多重制度逻辑张力的缓解，使得组织场域内各行动者之间的行为和互动实现了协同化，达到了互利共生的多赢状态，进而，推动企业工资集体协商组织场域实现了生态化。

5.3.3.2　质效提升：多重制度逻辑张力管理对企业工资集体协商的影响

如前所述，通过案例企业对张力管理的实践，使工资集体协商组织场域中多重制度逻辑中心性和兼容性发生了变化，这些变化使得案例企业组织场域中多重制度逻辑的关系由竞争型、疏离型转变为均衡型，由此，多重制度逻辑之间的矛盾和冲突降到最低状态。基于此，企业工资集体协商组织场域中，受制度逻辑支配和影响的行动者，在工资集体协商运行过程中形成合力，进而消弭了案例企业工资集体协商运行中"企业不愿谈"（王黎黎，2018）和"企业工会不敢谈"（刘诚，2015）等障碍，最终使得工资集体协商能够真正、有效地开展，减少了工资集体协商中的分歧和争议，缩短了协商的时间投入，也提高了协商的效率，提高了企业和员工对工资集体协商的工作满意度，达到"维护员工工资合法权益"与"促进企业经营发展"的双重目标，同时提高了企业和员工对企业工会的工作满意度，并以此营造了良好的企业文化及劳动关系氛围，促进企业和谐劳动关系的构建，同时将案例企业的和谐劳动关系构建融入其所在区域的和谐劳动关系的构建中，助力区域和谐劳动关系构建目标的实现。

具体来讲，案例企业工资集体协商张力管理实践后，在工资集体协商质效提升方面的具体表现有：

"协商十分顺畅，协商时长大大地缩短，绝大多数员工认为集体协商在维护员工权益、促进工资增长方面发挥了很好的作用，同时，企业的经营效益持续提升，企业方比较认可集体协商对促进企业经营发展的积极作用，企业工会也得到了企业方和员工方的认可，营造了良好的劳动关系和企业文化氛围"（DBSW 公司访谈记录节选）。

"QG 公司在集体协商过程中搭建了劳资双方交流沟通平台、员工参与公司重大决策平台和薪酬分配协商共决平台，《工资集体协商合同》每年一签，员工工资制度性增长，使员工能够分享企业发展成果，从根本上提高了企业和员工对工会工作的满意度，增强了员工的归属感"（QGSP 公司访谈记录节选）。

"DH 公司工会在集体协商工作的组织和准备过程中，形成了完善的工作流程和工资调整数据模型，降低了工资集体协商的平均时长，减少了协商中的分歧和争议，提高了集体协商的效率。10 年来，员工收入随着企业发展翻了一番，员工对企业及企业工会的满意度不断提升"（DHQC 公司访谈记录节选）。

"WZDQ 通过集体协商实现了员工和企业的双赢。一方面，员工劳动报酬权、休息休假权等权益得到了有效保障，减少了劳动争议的发生；另一方面，稳定了员工队伍，吸引了专业人才，促进了企业转型，实现了企业经营绩效的持续提升，形成了良好的工作氛围，企业工会获得了企业方的支持和员工方的拥护"（WZDQ 公司访谈记录节选）。

"避免了罢工涨薪，减少了集体协商劳动争议的发生，特别是工资集体协商相关劳动争议的发生，实现了企业与员工的共建、共享、共赢，营造了良好的劳动关系氛围，提高了企业和员工对工资集体协商及企业工会工作的满意度"（DFRC 访谈记录节选）。

综上，经案例企业对工资集体协商组织场域中多重制度逻辑的张力管理实践后，使多重制度逻辑的中心性和兼容性变化（见图 5-3），基于此，案例企业工资集体协商的质效有了不同程度的提升。

5.4 本章小结

在本书第 4 章识别出企业工资集体协商组织场域中政治与治理逻辑、科层制逻辑、商业与控制逻辑、合法性与有效性逻辑及生存与发展逻辑的基础上，本章运用多案例研究的方法，从多重制度逻辑间的中心性和兼容性的理论视角（Besharov & Smith，2014），对案例企业工资集体协商组织场域中的多重制度逻辑间张力进行分析，研究发现，组织场域中客观存在的组织张力、绩效张力、归属张力，这三种张力的存在使案例企业在工资集体建制初期及工资集体协商运行中遇到障碍和阻力，诱发了"企业不愿谈"和"企业工会不敢谈"的问题，影响了企业工资集体协商的运行效果。

为了缓解工资集体协商多重制度逻辑的张力，案例企业进行了形式多样的、针对性的管理实践活动，归结起来主要是从三个方向来进行着手，即：流程的再造与优化、利益共同体的构建及身份定位与工作方式的创新。通过这些张力管理实践，使工资集体协商组织场域中多重制度逻辑的中心性和兼容性发生改变，案例企业工资集体协商多重制度逻辑类型分别由竞争型、疏离型都转变为均衡型，大大缓解了组织张力、绩效张力、归属张力，促使组织场域内各行动者之间的行为和互动实现了协同化，达到了互利共生的多赢状态，进而推动企业工资集体协商组织场域实现"生态化"。与此同时，工资集体协商组织场域中受制度逻辑支配和影响的行动者，在工资集体协商运行过程中形成合力，进而消弭了案例企业工资集体协商运行中"企业不愿谈"（王黎黎，2018）和"企业工会不敢谈"（刘诚，2015）等障碍，最终使得工资集体协商能够真正、有效地开展，减少了工资集体协商中的分歧和争议，缩短了协商的时间投入，提高了协商的效率，提高了企业和员工对工资集体协商的工作满意度，达到"维护员工工资合法权益"与"促进企业经营发展"的双重目标，提高了企业和员工对企业工会的工作满意度，并营造了良好的企业文化及劳动关系氛围，促进企业和谐劳动关系的构建。同时，将案例企业的和谐劳动关系构建融入其所在地的区域和谐劳动关系的构建中，助力区域和谐劳动关系构建目标的实现。

第 6 章　主要结论、实践启示及研究展望

在实现"共同富裕"及中国式现代化建设的时代要求及和谐劳动关系构建、劳动关系集体化转型的现实需要下，亟须发挥工资集体协商的作用。我国工资集体协商制度虽然取得较大发展，但是面临着质效不高的问题。虽然，学界对工资集体协商质效不高问题产生原因的研究多聚焦在宏观的制度设计层面和中观的制度运行环境层面上，而对于微观制度执行研究还不多；从研究方法上看，定性的研究较多，实证的研究较少。总体上讲，集体协商制度运行的法制及社会文化环境的完善和优化也是需要循序渐进的过程，不会一蹴而就。基于此，在现有研究基础上，一个拓展的研究方向是：聚焦企业工资集体协商制度执行层面，选取各地集体协商实践较为成功的案例，对其工资集体协商建制和运行的过程进行深入、系统的剖析，找出解决集体协商实践中所面临的共性问题的可行的、有效的解决方法与路径。

基于上述原因，本书在现有既定的制度框架和运行环境短期内难以改变的背景下，通过将研究视角聚焦于企业工资集体协商的制度执行层面，基于组织场域的理论分析框架，综合运用文献研究、案例研究、扎根分析（扎根理论）等研究方法，来探寻解决工资集体协商质效不高问题的解决之道。

6.1 主要结论

首先，通过文献和理论研究对企业工资集体协商组织场域的形成基础与演化发展进行了解构与分析。在工资集体协商组织场域的形成基础部分，梳理出了企业工资集体协商演进与制度空间拓展的三个阶段。同时，概括提炼了工资集体协商制度的四个特点；在工资集体协商组织场域的演化发展部分，研究结论为：我国企业工资集体协商组织场域存在法律层面上的组织场域和一个实践中实际存在的组织场域，二者的关系是目标与现状的关系。其中，法律设计上的目标场域是基于劳资协约自治、平等独立的均势场域（见图3-7），而实践中的组织场域则是多方主体参与的、劳资双方力量不对等的非均势场域（见图3-8），并且，实践中的场域也在不断朝着目标场域进行演化，组织场域的运行及演化过程中对其中的企业、企业工会、地方政府、地方工会、劳动者等主体及主体之间的权利结构、资源配置及利益博弈关系进行重塑。我国企业工资集体协商实践中场域同制度设计的目标场域及西方集体谈判的组织场域有很大不同，呈现出主体多样性、内外部因素的变动性及类型的多样性等特征。

其次，运用扎根分析法（扎根理论）对理论抽样出的11家样本企业进行了扎根分析，通过对样本企业质性材料的编码分析，识别出了企业工资集体协商组织场域中的政治与治理逻辑、科层制逻辑、商业与控制逻辑、合法性与有效性逻辑及生存与发展逻辑，并分别进行了理论阐释。同时，分析了各个制度逻辑之间的关系：企业外部的政治与治理逻辑和科层制逻辑存在"天然"的兼容性，企业内部的合法性与有效性制度逻辑和生存与发展逻辑之间整体上是融合性关系，商业与控制逻辑和生存与发展逻辑之间是竞争性关系，并且，商业与控制逻辑和合法性与有效性逻辑之间整体上也是竞争性关系。此外，企业的生存与发展逻辑和企业外部的政治与治理逻辑及科层制逻辑之间也是竞争性的关系。这些逻辑之间关系相互交织（见图 4-9），直接影响着企业工资集体协商组织场域中行动者之间的互动策略及互动关系，最终影响企业工资集体协商的运行效果。

再次，研究发现，企业工资集体协商组织场域中客观存在的组织张力、绩效张力、归属张力。为了缓解工资集体协商多重制度逻辑的张力，案例企业进行了形式多样的、针对性的管理实践活动，归结起来主要是从三个方向来进行着手，即流程的再造与优化、利益共同体的构建及身份定位与工作方式的创新。通过这些张力管理实践，使工资集体协商组织场域中多重制度逻辑的中心性和兼容性发生改变，案例企业工资集体协商多重制度逻辑类型包括：竞争型、疏离型，都转变为均衡型，大大缓解了组织张力、绩效张力、归属张力，促使组织场域内各行动者之间的行为和互动实现了协同化，达到了互利共生的多赢状态，进而推动企业工资集体协商组织场域实现了"生态化"。与此同时，工资集体协商组织场域中，受制度逻辑支配和影响的行动者，在工资集体协商运行过程中形成合力，进而消弭了案例企业工资集体协商运行中"企业不愿谈"（王黎黎，2018）和"企业工会不敢谈"（刘诚，2015）等障碍，最终使得工资集体协商能够真正、有效地开展，减少了工资集体协商中的分歧和争议，缩短了协商的时间投入，提高了协商的效率，提高了企业和员工对工资集体协商的工作满意度，达到"维护员工工资合法权益"与"促进企业经营发展"的双重目标，同时，提高了企业和员工对企业工会的工作满意度，并营造了良好的企业文化及劳动关系氛围，促进企业和谐劳动关系的构建。

最后，在研究案例分析部分得出"张力管理对企业工资集体协商质效提升具有积极促进作用"结论的基础上，进一步运用计量分析的方法，提出了 7 个研究假设，并对这些假设进行了验证，定量分析结果证明：企业工资集体协商多重制度逻辑的管理对"提升工资集体协商质效"具有积极的正向促进作用。这说明，本书案例研究部分得出的"张力管理对企业工资集体协商质效提升具有积极促进作用"具有一定的普适性。

6.2 实践启示

通过本书的研究，在企业工资集体协商的实践上可以得出如下两方面的启示：

一方面，在工资集体协商制度的诸多实施障碍中，"企业不愿谈"往往被列为首要障碍（王黎黎，2018）。对工资集体协商组织场域中的组织张力、绩效张力的有效管理，有助于解决"企业不愿谈"问题，进而消弭工资集体协商制度推行的关键障碍，实现工资集体协商与人力资源管理、民主管理及党务管理之间良性互动，构建企业与劳动者之间互利共生关系，在一定程度上克服了企业工资集体协商"形式化"的问题、促进企业工资集体协商质效的提升。本书通过对案例企业工资集体协商组织场域中的张力分析，发现在案例企业工资集体协商的建制初期都存在着组织张力、绩效张力、归属张力，其中，组织张力是案例企业愿不愿建立工资集体协商的主要顾虑之所在，因为，很多企业对工资集体协商持排斥、消极态度，担心工资集体协商提高企业的运行成本，稀释企业的利润（林嘉，2012），或者认为开展集体协商会影响自己的生产经营自主权（杨成湘，2018）。在案例企业工资集体协商建制后，由于张力的存在出现了一定时间的"阵痛期"，但是经过案例企业采取的一系列针对张力的管理变革措施后，张力得到了有效的缓解，这不仅表现为工资集体协商企业民主管理、人力资源管理、党委工作在流程上的融合和功能上的互补，而且还构筑了企业与员工之间的利益共同体，形成了良性的企业文化和和谐的劳动关系，甚至在所在地区或行业起到了积极的示范和带动效应，间接推动区域和行业和谐劳动关系的治理，实现地方政府、地方公司、企业、企业工会及员工等多个利益相关主体之间的和谐共生，促进了企业工资集体协商组织场域的生态化，并在一定程度上提高企业工资集体协商的质效。

另一方面，对工资集体协商中归属张力的管理有助于企业工会有效平衡了合法性和有效性。现有的学者将集体协商质效不高归因于工会代表性不足（程延园，2004；金红梅，2012），职能履行不够（石晓天，2012）。有学者将集体协商实效不高归因于企业工会的"制度性弱势"（冯钢，2006），企业工会对资方的从属性和依附性是工会最大的"制度性弱势"（胡磊，2012）。鉴于这种因素，在本书的案例企业工资集体协商的建制初期，企业工会确实面临着平衡合法性与有效性（孟泉，2014）的困境，但是，案例企业工会通过一系列的改革措施，如对工会主席岗位的功能性再设计，选任具有较高领导力、沟通能力、协调能力及良好群众基础的适合人员来担任工会主席，同时，将工会定位为企业与员工之间的"中间人"，并基于此进行工会工作方式方法的创新，最终有效平衡了合法性和有效性，一定程度上改变了"制度性弱势"的困境，激活基层工会，从而切实推进企业集体协商、避免集体协商流于形式（刘诚，2015）。

6.3　研究展望

本书在案例研究部分采用了多案例研究设计，虽然与单案例研究相比，多案例研究具有更强的外部效度（Yin，2004），在理论建构方面也比单案例更有优势（Eisenhardt，1989），但是，案例研究方法本身有其特定的局限性。同时，本书案例研究部分五家案例的工资集体协商在类型上相似（闻效仪，2017；谢玉华，2020；孟泉，2020），除了这种类型，还同时存在其他类型的工资集体协商，由此，本书五家案例企业以及参与问卷调查的近 3000 家企业的工资集体协商在类型上均属于同种模式，鉴于此，本书的研究发现和结论能否适用于其他类型的企业工资集体协商仍有待考察。

　　基于上述研究局限和不足，未来研究可继续搜寻符合条件的案例，并进一步扩展案例的数量和类型，通过更多案例进行复制和对比分析，以获得更为坚实的理论结论。同时，也可尝试用定量研究方法用于对其他类型企业工资集体协商相关问题的研究，以对本书的研究结论进行进一步的检验。但需要注意的是，目前，学界对组织场域中制度逻辑及制度逻辑之间张力的案例研究较多、定量研究较少，整体上尚处于理论探索阶段，这可能是由于制度逻辑和张力等变量难以测量，并且，学界也没有开发出有关制度逻辑、张力、张力管理及工资集体协商质效的成熟量表，所以，未来的研究中对于相关量表的开发也是一个重要的研究内容。

参考文献

[1] 艾琳. 地方政府介入集体协商的边界和方式——以比例原则为分析工具对权力行使模式的透视 [J]. 理论与现代化，2016（6）：54-61.

[2] 艾琳. 集体谈判权研究 [M]. 北京：中国社会科学出版社，2016.

[3] 班小辉. 超越劳动关系：平台经济下集体劳动权的扩张及路径 [J]. 法学，2020（8）：160-175.

[4] 蔡峰. 协商民主在中国语境下的功能与空间——基于温岭行业工资集体协商制度的考察 [J]. 理论导刊，2009（9）：7-10.

[5] 蔡宁伟，张丽华. 质性研究方法辨析与应用探讨——以经济管理研究为例 [J]. 兰州商学院学报，2014，30（6）：1-24.

[6] 常凯. 现代企业制度与集体谈判和集体合同 [J]. 改革，1994（5）：103-107.

[7] 常凯，吴亚平. 工会：集体劳权的代表——向市场经济过渡中工会的社会定位问题初探 [J]. 当代工会，1996（6）：6-8.

[8] 常凯. 劳权本位：劳动法律体系构建的基点和核心——兼论劳动法律体系的几个基本理论问题 [J]. 工会理论与实践，2001（6）：10-15.

[9] 常凯. 论政府在劳动法律关系中的主体地位和作用 [J]. 中国劳动，2004（12）：4-7.

［10］常凯．劳权论：当代中国劳动关系的法律调整研究［M］．北京：中国劳动社会保障出版社，2004.

［11］常凯．论中国的团结权立法及其实施［J］．当代法学，2007，21（1）：46-53.

［12］常凯，乔健．中国劳动关系报告：当代中国劳动关系的特点和趋向［M］．北京：中国劳动社会保障出版社，2009.

［13］常凯．劳动法［M］．北京：高等教育出版社，2011.

［14］常凯．劳动关系的集体化转型与政府劳工政策的完善［J］．中国社会科学，2013.

［15］常凯．试析集体合同制度的法律性质［J］．中国党政干部论坛，2013（5）：25-30.

［16］常凯等．劳动法［M］．北京：高等教育出版社，2015.

［17］常凯．平台企业用工关系的性质特点及其法律规制［J］．中国法律评论，2021（4）：31-42.

［18］陈步雷．社会法的功能嬗变、代际更替和中国社会法的定位与建构［J］．现代法学，2012，34（3）：97-109.

［19］陈强．高级计量经济学及 Stata 应用［M］．北京：高等教育出版社，2010.

［20］陈国钧．社会政策与社会立法［M］．台北：三民书局，1984.

［21］陈维政，任晗，朱玖华等．中国企业工会角色冲突对工会职能作用发挥的影响和对策研究［J］．管理学报，2016，13（3）：315-324.

［22］陈维政，李贵卿，毛晓燕．劳动关系管理［M］．北京：科学出版社，2010.

［23］陈训敬．社会法学［M］．厦门：厦门大学出版社，2009.

［24］陈颖．论社会治理法与社会法的关系［J］．南海法学，2020，4（6）：22-30.

［25］陈永福，沈星．我国劳资集体协商制度的社会法反思［J］．南昌大学学报（人文社会科学版），2015（4）：98-104．

［26］程延园．市场经济条件下劳动关系调整机制：集体谈判制度研究［D］．北京：中国人民大学，2003．

［27］程延园．集体谈判制度在我国面临的问题及其解决［J］．中国人民大学学报，2004，18（2）：136-142．

［28］程延园．集体谈判制度研究［M］．北京：中国人民大学出版社，2004．

［29］程延园．"劳动三权"：构筑现代劳动法律的基础［J］．中国人民大学学报，2005（2）：101-107．

［30］程延园．世界视阈下的和谐劳动关系调整机制［J］．中国人民大学学报，2011，25（5）：2-9．

［31］邓怡．社会法发展的历史、经验与前瞻［J］．重庆广播电视大学学报，2020，32（1）：46-52．

［32］翟玉娟．论集体谈判和集体协商［J］．当代法学，2003（7）：57-58+68．

［33］丁晓东．社会法概念反思：社会法的实用主义界定与核心命题［J］．环球法律评论，2021，43（3）：85-99．

［34］董保华．劳动关系调整的法律机制［M］．上海：上海交通大学出版社，2000．

［35］董保华．社会法原论［M］．北京：中国政法大学出版社，2001．

［36］董保华．劳动者自发罢工的机理及合法限度［J］．甘肃社会科学，2012（1）：117-123．

［37］董保华．社会法与法社会［M］．上海：上海人民出版社，2015．

［38］董保华．集体劳动争议与群体劳动争议的法律机制研究［M］．上海：上海人民出版社，2020．

[39] 段毅, 李琪. 中国集体劳动关系的生成、发展与成熟——一个自下而上的分析视角 [J]. 中国人力资源开发, 2014 (23): 94-104.

[40] 房广顺, 刘辉. 社会主义协商民主的中国特色与中国实践 [M]. 北京: 人民出版社, 2018.

[41] 冯钢. 企业工会的"制度性弱势"及其形成背景 [J]. 社会, 2006 (3): 81-98+207.

[42] 冯同庆. 工资协商的源流、适用、条件诸问题——化解劳资对立而实现协调的制度 [J]. 经济社会体制比较, 2010 (5): 15-21.

[43] 冯同庆. 近年来工资集体协商取向的正误分析——是自上而下还是自下而上结合 [J]. 马克思主义与现实, 2012 (2): 180-185.

[44] 高凌霄, 季晨. 集体合同制度中的政府: 从主导者到辅助者 [J]. 哈尔滨师范大学社会科学学报, 2016, 7 (3): 38-40.

[45] 葛少英. 我国罢工立法问题初探 [J]. 法商研究 (中南政法学院学报), 1996 (3): 34-38.

[46] 关怀, 林嘉. 劳动法 [M]. 北京: 中国人民大学出版社, 2000.

[47] 关明鑫. 企业工资集体协商制度研究 [J]. 中国劳动关系学院学报, 2008 (4): 5-9.

[48] 郭沐蓉. 制度空间的延伸: 非公企业工会维护作用何以提升? [D]. 北京: 中国人民大学, 2022.

[49] 郭毅, 徐莹, 陈欣. 新制度主义: 理论评述及其对组织研究的贡献 [J]. 社会, 2007 (1): 14-40+206.

[50] 海群. "和合"文化的思想精髓及当代价值 [J]. 内蒙古统战理论研究, 2022 (2): 53-58.

[51] 何锦前. 中国集体协商: 从纵向一体化到调和式干预 [J]. 法治研究, 2012 (10): 51-58.

[52] 何勤, 陶秋燕. 均衡视角下集体化转型对中小企业劳动关系的影响研

究［J］. 北京劳动保障职业学院学报，2014，8（2）：14-16.

　　［53］贺羡. 批判理论视阈中的协商民主［M］. 重庆：重庆出版社，2017.

　　［54］侯莎莎. 协商民主视野下完善工资集体协商制度的思考［J］. 求实，2011（6）：77-80.

　　［55］胡昌平. 工资集体协商七大关系论略［J］. 天津市工会管理干部学院学报，2011，19（3）：2-5.

　　［56］胡磊. 在构建中国式集体协商制度中发展和谐劳动关系［J］. 现代经济探讨，2012（8）：28-32.

　　［57］胡乔木. 宪法修改委员会秘书长胡乔木在宪法修改委员会第三次全体会议上的说明［Z］. 北京，1982.

　　［58］胡翔. 扬弃与超越：集体协商到集体谈判的制度进阶［J］. 财经法学，2018（2）：31-49.

　　［59］胡欣霞. 基层协商民主的认知调查与分析——以广元市企业工资集体协商为例［J］. 中国西部，2018（2）：102-109.

　　［60］黄茂兴，唐杰. 改革开放40年我国国有企业改革的回顾与展望［J］. 当代经济研究，2019（3）：2+21-31+113.

　　［61］黄任民. 中国工资集体协商的特点及工会的作用［J］. 中国劳动关系学院学报，2009，23（5）：53-57.

　　［62］黄岩，闫金燕. 彰显中国特色和谐劳动关系的新时代魅力——习近平总书记关于和谐劳动关系的系列重要论述研究［J］. 扬州大学学报（人文社会科学版），2020，24（1）：14-25.

　　［63］黄越钦. 劳动法新论［M］. 北京：中国政法大学出版社，2003.

　　［64］贾俊玲. 劳动法与社会保障法［M］. 北京：中国劳动社会保障出版社，2005.

　　［65］贾旭东，谭新辉. 经典扎根理论及其精神对中国管理研究的现实价值［J］. 管理学报，2010，7（5）：656-665.

［66］焦晓钰．工资集体协商制度的运行机理与实施效应研究［D］．杭州：浙江大学，2014.

［67］金红梅．集体协商及其法律保障机制研究［D］．长春：吉林大学，2014.

［68］金红梅．中国集体协商制度的反思与重构［J］．延边大学学报（社会科学版），2012，45（3）：120-126.

［69］卡尔·波兰尼．大转型：我们时代的政治与经济起源［M］．冯钢，刘阳，译．杭州：浙江人民出版社，2007.

［70］柯宇航．团结权研究［D］．厦门：厦门大学，2018.

［71］雷晓天．政府在集体协商中的角色重塑［J］．中国党政干部论坛，2013，294（5）：15-17.

［72］雷晓天．国家、资本与劳工：中国集体协商制度发展的形塑力量——基于文献的思考与启示［J］．中国人力资源开发，2016（21）：102-108.

［73］李炳安．社会法范畴初论［J］．福建政法管理干部学院学报，2007（3）：3-9.

［74］李刚，林曼．论人口红利下降对我国人力资源会计应用的影响［J］．商业时代，2013（20）：84-85.

［75］李建．社会主义协商民主推进国家治理现代化研究［M］．北京：中国社会科学出版社，2017.

［76］李力东．经济新常态背景下工资集体协商制度的优化：国家的视角［J］．电子科技大学学报（社会科学版），2017，19（6）：35-42.

［77］李雄．新时代我国劳动关系治理的重大转型［J］．学术界，2020（8）：57-66.

［78］李志刚．扎根理论方法在科学研究中的运用分析［J］．东方论坛（青岛大学学报），2007（4）：90-94.

［79］理查德·斯科特．制度与组织：思想观念、利益偏好与身份认同

［M］．姚伟等，译．北京：中国人民大学出版社，2020.

［80］厉以宁，黄奇帆，刘世锦．共同富裕：科学内涵与实现路径［M］．北京：中信出版社，2022.

［81］廖文根．工资集体协商的困境："员工不敢谈""企业不愿谈"［EB/OL］．中国法院网，2011.

［82］林嘉．培育协商文化完善法规制度建设［N］．中国社会科学报，2012-05-14（07）．

［83］林嘉．劳动法视野下社会协商制度的构建［J］．法学家，2016（3）：80-93.

［84］林尚立．中国协商民主的逻辑［M］．上海：上海人民出版社，2016.

［85］刘诚．基层工会改革与集体谈判的推进［J］．中国人力资源开发，2015（21）：86-91.

［86］刘诚．集体谈判散论［J］．上海师范大学学报（哲学社会科学版），2016，45（3）：34-40.

［87］刘泰洪．新时代的劳动关系及其治理［J］．理论视野，2018（5）：34-39.

［88］刘焱白．集体谈判模式的选择与谈判主体制度的构建［J］．中国人力资源开发，2012（1）：84-88.

［89］刘燕斌．国外集体探案机制研究［M］．北京：中国劳动保障出版社，2012.

［90］罗豪才．软法与协商民主［M］．北京：北京大学出版社，2007.

［91］罗宁．中国转型期劳资关系冲突与合作研究［D］．成都：西南财经大学，2009.

［92］吕景春，王羡，张师岸．合作型劳动关系：和谐劳动关系的前提［N］．光明日报·理论版，2015-12-23（15）．

［93］马奔．协商民主：民主理论的变迁与实践［M］．济南：山东大学出版

社，2014.

[94] 毛益民 . 制度逻辑冲突：场域约束与管理实践 [J]. 广东社会科学，2014 (6)：211-220.

[95] 孟泉 . 谈判游戏中的"说和人"——以 DLDA 区工会为例 [J]. 清华社会评论，2013 (6)：238-257.

[96] 孟泉 . 组织的力量——基层工会维权的动力机制新解 [J]. 中国工人，2014 (4)：30-31.

[97] 孟泉 . 劳动关系源头治理研究 [M]. 北京：中国工人出版社，2020.

[98] 孟泉，雷晓天 . "十四五"时期我国劳动关系治理的发展方向与策略选择 [J]. 中国人力资源开发，2020，37 (12)：34-44.

[99] 孟泉，陈尧 . 中国劳动关系集体化转型趋势下的产业行动治理策略研究 [J]. 中国人力资源开发，2014 (7)：92-98.

[100] 明娟，周易 . 劳动关系集体化转型路径与演变机制研究：比较制度分析视角 [J]. 中国人力资源开发，2017 (12)：137-147.

[101] 聂生奎 . 构建中国特色和谐劳动关系取得重大进展 [J]. 中国人力资源社会保障，2022 (10)：34-37.

[102] 帕特里夏·H. 桑顿，威廉·奥卡西奥，龙思博 . 制度逻辑 [M]. 王少卿，杜运周，翟慎霄，张容榕，译 . 杭州：浙江大学出版社，2020.

[103] 潘泰萍 . "国家统合"模式下我国集体协商推行效果的实证分析 [J]. 中国劳动关系学院学报，2013，27 (5)：6-9.

[104] 彭闯 . 中国企业工资集体谈判关系研究 [D]. 成都：西南财经大学，2014.

[105] 彭茜，姚锐敏 . 行政压力和制度空间双重作用下基层官员的"层级博弈式"避责行为 [J]. 甘肃行政学院学报，2021 (4)：48-59+125.

[106] 戚聿东，丁述磊，刘翠花 . 数字经济时代新职业发展与新型劳动关系的构建 [J]. 改革，2021 (9)：65-81.

［107］乔健. 从市场化，法制化到灵活化：改革开放以来中国劳动关系的转型发展及启示［J］. 中国人力资源开发，2019，36（9）：77-90.

［108］尚虎平. 激励与问责并重的政府考核之路——改革开放四十年来我国政府绩效评估的回顾与反思［J］. 中国行政管理，2018（8）：85-92.

［109］沈建峰. 社会法、第三法域与现代社会法——从基尔克，辛茨海默，拉德布鲁赫到《社会法典》［J］. 华东政法大学学报，2019，22（4）：37-52.

［110］石美遐. 必要与实施：关于集体合同［J］. 中国劳动科学，1994（4）：10-12.

［111］石晓天. 工资集体协商的条件与实现路径——从南海本田等个案比较的角度［J］. 中国劳动关系学院学报，2012，26（2）：38-43.

［112］寿菊萍. 民营企业工资集体协商的工资效应研究［D］. 杭州：浙江大学，2020.

［113］宋湛. 集体谈判［M］. 北京：经济科学出版社，2013.

［114］孙立平.《劳动合同法》的负面效应是如何产生的［J］. 新远见，2008（8）：116-120.

［115］孙永生. 推进工会体制创新是中国劳动关系集体化转型的根本路径——与常凯教授和游正林教授商榷［J］. 中国劳动关系学院学报，2017，31（3）：104-111.

［116］孙照红. 中国协商民主体系及其运行机制研究［M］. 北京：人民出版社，2019.

［117］谭晨. 利益平衡视角下中国特色集体谈判制度的完善［J］. 广西政法管理干部学院学报，2016，31（5）：71-79.

［118］谭泓. 中国工会双重角色定位的形成渊源与探索发展［J］. 马克思主义与现实，2015（1）：198-204.

［119］汤乃飙. 我国非公企业劳资关系中集体协商问题的研究——基于上海市的调查［J］. 人民论坛·学术前沿，2019（8）：88-91.

［120］唐鑛，杨振彬．人力资源与劳动关系管理［M］．北京：清华大学出版社，2017.

［121］唐鑛，杨振彬．共同富裕视域下企业工资集体协商的理念创新与制度调适［J］．中国劳动，2022（5）：5-15.

［122］唐鑛，嵇月婷．集体协商与集体谈判［M］．北京：中国人民大学出版社，2019.

［123］唐鑛，刘华．新中国劳动关系70年：发展、变革和迭代［J］．求索，2020（3）：130-138.

［124］唐政秋，李健．和谐社会背景下我国社会法范畴和体系探究——兼谈社会法的立法［J］．社会法评论，2008，3（00）：173-180.

［125］陶志勇．中国工会理论创新四十年［M］．北京：中国工人出版社，2018.

［126］田野．国际政策扩散与国内制度转换——劳资集体谈判的中国路径［J］．世界经济与政治，2014（7）：118-138.

［127］涂永前．新时代中国特色社会主义和谐劳动关系构建研究：现状、问题与对策［J］．社会科学家，2018（1）：119-125.

［128］W.杜茨．劳动法［M］．张国文，译．北京：法律出版社，2005.

［129］王海峰．组织化的工人与基层协商民主的实践——基于湘潭市工会推进工资集体协商的经验［J］．学习论坛，2016，32（8）：49-54.

［130］王晶．集体协商谈判制度须以劳工三权为基础［J］．中国人力资源开发，2012（7）：89-91+104.

［131］王景高．档案研究30年（之一）——关于档案起源的研究［J］．中国档案，2009（2）：34-36.

［132］王黎黎．地方政府在工资集体协商中的角色偏差与归位［J］．宏观经济研究，2014（4）：121-126+143.

［133］王黎黎．集体劳动关系法律实证研究——以集体协商为例［M］．北

京：法律出版社，2018.

[134] 王利平. 制度逻辑与"中魂西制"管理模式：国有企业管理模式的制度分析 [J]. 管理学报，2017，14（11）：1579–1586.

[135] 王璐，高鹏. 扎根理论及其在管理学研究中的应用问题探讨 [J]. 外国经济与管理，2010（12）：10–18.

[136] 王庆琦. 新时代完善我国劳动关系协调机制研究 [J]. 经济视角，2019（1）：10–16.

[137] 王全兴. 集体合同论纲 [J]. 法商研究，1995（4）：35–40.

[138] 王全兴. 简论我国劳动关系协调机制的整体推进. 深圳劳动关系发展报告（2012）[M]. 北京：社会科学文献出版社，2012.

[139] 王全兴，谢天长. 我国劳动关系协调机制整体推进论纲 [J]. 法商研究，2012，29（3）：123–135.

[140] 王全兴. 劳动法 [M]. 北京：法律出版社，2017.

[141] 王全兴，倪雄飞. 论我国罢工立法与罢工转型的关系 [J]. 现代法学，2012，34（4）：187–193.

[142] 王天玉. 工资集体协商行为主观要件的法律塑造——以美国劳资善意谈判义务为借鉴 [J]. 社会科学战线，2015（9）：232–243.

[143] 王文珍. 集体谈判制度社会主义市场经济体制性劳动关系调整的一种重要方式 [J]. 中国劳动社会科学，1995（3）：11–14.

[144] 王霞. 工资集体协商与利益共享机制 [M]. 北京：社会科学文献出版社，2015.

[145] 王雅静，周旅军. 私企组建工会的趋势、影响因素及后果分析——基于中国私营企业调查的实证研究 [J]. 北京工业大学学报（社会科学版），2019，19（4）：40–48.

[146] 魏巍，王林辉. 基于偏向型技术进步理论的企业"用工荒"成因探析：来自珠三角地区的实证 [J]. 宏观质量研究，2017，5（3）：76–89.

［147］闻效仪．无劳工参与的统合主义——市场化与中国工会政治［D］．北京：中国人民大学，2009．

［148］闻效仪．集体合同工作中的行政模式以及工会困境［J］．中国党政干部论坛，2013（5）：11-14．

［149］闻效仪．转型期中国集体协商的类型化与制度化建构［M］．北京：社会科学文献出版社，2016．

［150］闻效仪．从"国家主导"到多元推动——集体协商的新趋势及其类型学［J］．社会学研究，2017，32（2）：28-50．

［151］闻效仪．改革开放四十年之集体协商与集体合同研究：历史演进、制度执行与类型化趋势［J］．中国人力资源开发，2018，35（10）：97-109．

［152］闻效仪．集体协商与集体合同研究，载于中国劳动关系学40年（1978—2018）［M］．北京：中国社会科学出版社，2018．

［153］闻效仪．集体协商工作提质增效"迫在眉睫"［J］．中国工人，2018（12）：13．

［154］闻效仪．"上代下"：工会改革逻辑与多样化类型［J］．社会学评论，2020，8（5）：18-34．

［155］吴斌，吴荻菲．角色、战略与技术——工会在集体协商中的作用研究述评［J］．中国人力资源开发，2016（13）：98-104．

［156］吴红列．工资集体协商：理论、制度与实践［M］．杭州：浙江大学出版社，2011．

［157］吴建平．转型时期中国工会研究——以国家治理参与为视角［M］．北京：光明日报出版社，2012．

［158］吴建平．地方工会"借力"运作的过程、条件及局限［J］．社会学研究，2017，32（2）：103-127+244．

［159］吴建平．地方工会"以上代下"与基层工会"瘦身减负"——近40年来中国工会改革的趋势与特点［J］．中国劳动关系学院学报，2018，32（1）：

80-99.

［160］吴建平．改革开放以来中国工会制度的变迁［M］．北京：社会科学文献出版社，2021.

［161］吴清军．"守法"与"维权"的边界：外企工会组建与运行模式的分析［J］．学海，2008（5）：65-72.

［162］吴清军．集体协商与"国家主导"下的劳动关系治理——指标管理的策略与实践［J］．社会学研究，2012，27（3）：66-89.

［163］吴清军．中国劳动关系学40年（1978-2018）［M］．北京：中国社会科学出版社，2018.

［164］吴清军．中国劳动关系的治理［M］．北京：中国工人出版社，2021.

［165］吴文芳．从混沌到自洽：中国集体合同效力的图景解说［J］．学术月刊，2014，46（3）：112-124.

［166］吴文芳．我国社会法理论演进与研究路径之反思［J］．华东政法大学学报，2019，22（4）：75-89.

［167］吴亚平．行业工资集体协商：工资集体协商制度建设的突破口和发展方向［J］．新视野，2012（6）：85-88.

［168］吴延溢．工资集体协商中多元利益的博弈及其制度建构［J］．南通大学学报（社会科学版），2013，29（1）：43-49.

［169］吴延溢．工资集体协商的法制化构造［M］．北京：法律出版社，2021.

［170］席猛，赵曙明．劳动关系集体化转型中的经济困境与对策——以制造业为例［J］．华东经济管理，2013，27（7）：116-120.

［171］夏积智．中国劳动法若干重要理论与政策问题研究［M］．北京：中国劳动社会保障出版社，1999.

［172］肖竹．群体性劳动争议应对中的政府角色［J］．行政法学研究，2014（2）：77-84.

［173］谢德成．新时代劳动法的功能拓展与制度调适［J］．当代法学，2019，33（4）：107-117.

［174］谢鹏鑫，屈萌，冯娇娇等．新时代我国劳动关系的研究综述与展望：基于劳动关系主体的视角［J］．中国人力资源开发，2022，39（4）：96-109.

［175］谢玉华．工资集体协商：能否走出协调劳动关系的"第三条道路"？［J］．社会主义研究，2011（3）：99-102.

［176］谢玉华．集体协商与集体谈判：类型比较及形成机制［M］．长沙：湖南大学出版社，2020.

［177］谢玉华，陈佳，陈培培等．中国行业工资集体协商效果的实证分析——以武汉餐饮行业为例［J］．经济社会体制比较，2012（5）：55-67.

［178］谢玉华，郭永星．中国式工资集体协商模式探索——武汉市餐饮行业工资集体协商调查［J］．中国劳动关系学院学报，2011，25（6）：54-58.

［179］谢玉华，苏策，张媚等．集体协商评价指标设计与应用研究［J］．财经理论与实践，2017，38（5）：99-103.

［180］谢玉华，杨玉芳，郭永星．工资集体协商形成机理及效果比较研究——基于制度变迁的视角［J］．广东社会科学，2017（2）：28-36.

［181］谢玉华，张媚，陈佳．集体协商功能及影响因素：中外文献比较与启示［J］．中国劳动关系学院学报，2012，26（5）：27-31.

［182］辛允星．说客型组织的行动逻辑——中国工会角色研究述评［J］．中共杭州市委党校学报，2015，1（4）：71-76.

［183］熊新发，曹大友．劳动关系集体化转型的历史回顾与治理启示［J］．中国行政管理，2016（5）：125-128.

［184］徐世勇，Xiaoyu Huang，张丽华等．中国工人罢工的四方层级解决机制：基于案例研究的一种新诠释［J］．管理世界，2014（4）：60-70+80+187.

［185］徐世勇，李杏，朱金强．中国企业弱势跨国并购中组织间信任模式的

探究：基于 A 公司跨国并购的案例研究［J］．中国人力资源开发，2015（19）：
6-13.

［186］许清清，徐纤纤．人工智能"消融"劳动关系集体化的实证研究
［J］．重庆理工大学学报（社会科学版），2022，36（2）：64-73.

［187］许晓军．当前我国工资集体协商的六大问题［J］．中国工人，2010
（12）：4-9.

［188］阎天．美国集体劳动关系法的兴衰——以工业民主为中心［J］．清华
法学，2016，10（2）：169-185.

［189］颜色，郭凯明，杭静．中国人口红利与产业结构转型［J］．管理世
界，2022，38（4）：15-33.

［190］杨成湘．中国集体协商制度实施、评价及创新研究——基于构建和谐
劳动关系的视角［M］．北京：新华出版社，2017.

［191］杨成湘．关于构建中国特色和谐劳动关系的理论思考［J］．理论视
野，2019（11）：42-47.

［192］杨成湘．论集体协商中政府职能偏差及其优化［J］．行政管理改革，
2021，9（9）：68-75.

［193］杨冬梅．加强工资集体协商立法的几点思考［J］．中国工人，2011
（10）：22-25.

［194］杨冬梅．从协商民主的角度看集体协商和集体合同立法［J］．工会理
论研究—上海工会管理干部学院学报，2014（6）：4-8+47.

［195］杨佳．体面劳动视域下构建新时代民营企业和谐劳动关系［J］．河北
企业，2021（10）：137-139.

［196］杨家宁．工会推动工资集体协商研究综述［J］．广西社会主义学院学
报，2015（1）：47-52.

［197］杨思斌．社会法的概念辨析与体系框架［J］．学习论坛，2020（8）：
86-96.

[198] 杨涛，张庆红．工资集体谈判中的集体行动问题研究——基于谈判成员异质性的分析及启示 [J]．中国人力资源开发，2018，35（7）：108-116.

[199] 杨正喜．地方工会"上代下"与工资集体协商-以南海本田事件为例的研究 [J]．社会科学，2014（11）：69-78.

[200] 杨正喜，黄茂英．论新时期工人工资集体协商的制度化建构 [J]．社会主义研究，2015（6）：92-101.

[201] 杨正喜，杨敏．论转型期自下而上式工资集体协商机制——基于深圳先端的个案分析 [J]．广东社会科学，2013（4）：180-188.

[202] 姚文胜，翟玉娟．劳资协商制——中国劳动关系的路径选择 [M]．北京：中国法制出版社，2012.

[203] 叶静漪，李少文．新发展阶段中国社会法的转型与重点立法任务 [J]．社会科学战线，2021（11）：195-206.

[204] 叶静漪，苏晖阳．社会法转型与进路研究 [J]．北京大学学报（哲学社会科学版），2020，57（5）：120-130.

[205] 约翰·W.克雷斯威尔．研究设计与写作指导：定性、定量与混合研究的路径 [M]．崔延强，译．重庆：重庆大学出版社，2007.

[206] 易重华．合作主义语境下当代中国劳资关系发展 [M]．北京：中国社会科学出版社，2015.

[207] 游正林．对中国劳动关系转型的另一种解读——与常凯教授商榷 [J]．中国社会科学，2014（3）：165-168.

[208] 俞可平．协商民主：当代西方民主理论和实践的最新发展 [N]．学习时报，2006-11-06.

[209] 约·埃尔斯特．协商民主：挑战与反思 [M]．周艳辉，译．北京：中央编译出版社，2009.

[210] 约翰·P.温德姆勒等．工业化市场经济国家的集体谈判 [M]．何平等，译．北京：中国劳动出版社，1994.

［211］约瑟夫·熊彼特.资本主义、社会主义与民主［M］.商务印书馆编辑部,译.北京:商务印书馆,1942.

［212］詹姆斯·博曼.公共协商:多重主义、复杂与民主［M］.黄湘怀,译.北京:中央编译出版社,2006.

［213］詹姆斯·菲什金,彼得·拉斯莱.协商民主论争［M］.张晓敏,译.北京:中央编译出版社,2009.

［214］张抗私.工资集体协商的约束条件分析［J］.东北财经大学学报,2001(3):14-18.

［215］张丽华,刘松博.案例研究:从跨案例的分析到拓展现有理论的解释力——中国第二届管理案例学术研讨会综述［J］.管理世界,2006(12):142-145.

［216］张鸣起.以习近平新时代中国特色社会主义思想为指导构建新时代和谐劳动关系［J］.社会治理,2018(3):5-9.

［217］张琼.基于协商民主的工资集体协商程序完善研究［J］.湖北社会科学,2012(3):48-51.

［218］张五常.张五常论新劳动法［J］.法律和社会科学,2009(1):1-36.

［219］张戍凡,赵曙明.中国工会研究的再认识:工会效能研究的范式重构及层级测量框架［J］.江海学刊,2019(5):139-147+255.

［220］张允美.理顺与冲突:中国工会与党-国家的关系［M］.香港:香港中文大学中国研究服务中心论文库,2003.

［221］赵炜.基于西方文献对集体协商制度几个基本问题的思考［J］.经济社会体制比较,2010(5):38-44.

［222］赵玥.劳动关系中集体谈判权利主体的弃权现象研究［J］.当代经济研究,2016(4):92-96.

［223］郑秉文.合作主义:中国福利制度框架的重构［J］.经济研究,2002

（2）：71-79+95.

［224］郑伯壎，黄敏萍．实地研究中的案例研究［M］//陈晓萍，徐淑英，樊景立．组织与管理研究的实证方法．北京：北京大学出版社，2008.

［225］郑功成．中国社会法：回顾、问题与建设方略［J］．内蒙古社会科学，2020，41（3）：9-19.

［226］郑桥．劳资谈判［M］．北京：中国工人出版社，2003.

［227］郑桥．中国劳动关系变迁30年之集体协商和集体合同制度［J］．现代交际，2009（2）：64-73.

［228］郑尚元．"集体协商"与"集体合同"词义辩［J］．北京市工会干部学院学报，2005（3）：16-20.

［229］周雪光．组织社会学十讲［M］．北京：社会科学文献出版社，2003.

［230］朱斌，王修晓．制度环境，工会建设与私营企业员工待遇［J］．经济社会体制比较，2015（6）：176-186.

［231］Alford R R, Friedland R. Powers of Theory：Capitalism, the State, and Democracy［M］. Cambridge University Press, 1985.

［232］Battilana J, Sengul M, Pache A C, et al. Harnessing Productive Tensions in Hybrid Organizations：The Case of Work Integration Social Enterprises［J］. Academy of Management Journal, 2015, 58（6）：1658-1685.

［233］Berger P L, Luckmann T. The Social Construction of Reality：A Treatise in the Sociology of Knowledge［M］. Anchor, 1967.

［234］Besharov M L, Smith W K. Multiple Institutional Logics in Organizations：Explaining their Varied Nature and Implications［J］. Academy of Management Review, 2014, 39（3）：364-381.

［235］Biggart N W, Guillén M F. Developing Difference：Social Organization and The Rise of the Auto Industries of South Korea, Taiwan, Spain, and Argentina［J］. American Sociological Review, 1999（1）：722-747.

[236] Bloom D E, Canning D, Sevilla J. Economic Growth and the Demographic Transition [R]. NBER Working Paper, 2001.

[237] Cahuc P, Carcillo S, Zylberberg A. Labor economics [M]. MIT Press, 2014.

[238] Campbell, John L J. Roger Hollingsworth and Leon N. Lindberg. Governance of the American Economy [M]. Cambrige University Press, 1991.

[239] Carolyn Hendriks. The Ambiguous Role of Civil Society in Deliberative Democracy [D]. Canberra: Australasian National University, 2001.

[240] Chamberlain N W, Kuhn J W. Collective bargaining [M]. New York: McGraw-Hill, 1965.

[241] Chen F. Union Power in China Source, Operation, and Constraints [J]. Modern China, 2009, 35 (6): 662-689.

[242] Clarke S, Lee C H, Li Q. Collective Consultation and Industrial Relations in China [J]. British Journal of Industrial Relations, 2004, 42 (2): 235-254.

[243] Clarke S. Post-Socialist Trade Unions: China and Russia [J]. Industrial Relations Journal, 2005, 36 (1): 2-18.

[244] Cutcher-Gershenfeld J, Kochan T. Taking Stock: Collective Bargaining at the Turn of the Century [J]. ILR Review, 2004, 58 (1): 3-26.

[245] De Ven V, Andrew H, Drazin R. The Concept of Fit in Contingency Theory Chapter in B. Staw and L. Cummings [J]. Research in Organizational Behavior, 1985 (7).

[246] DiMaggio P. Structural Analysis of Organizational Fields: A Blockmodel Approach [J]. Research in Organizational Behavior, 1986 (1).

[247] DiMaggio P J, Powell W W. The Iron Cage Revisited: Institutional Isomorphism and Collective Rationality in Organizational Fields [J]. American Sociological Review, 1983 (1): 147-160.

［248］ Dobbin F. Forging Industrial Policy: The United States, Britain, and France in the Railway Age ［M］. Cambridge University Press, 1994.

［249］ Donald L, Martin. The Economics of Employment Termination Rights ［J］. Journal of Law and Economics, 1977, 187 (20): 188-189.

［250］ Donaldson T, Preston L E. The Stakeholder Theory of The Corporation: Concepts, Evidence, and Implications ［J］. Academy of Management Review, 1995, 20 (1): 65-91.

［251］ Dubin R. Constructive Aspects of Social Conflict ［J］. Industrial Conflict. New York: McGraw Hill, 1954.

［252］ Dunn M B, Jones C. Institutional Logics and Institutional Pluralism: The Contestation of Care and Science Logics in Medical Education, 1967—2005 ［J］. Administrative Science Quarterly, 2010, 55 (1): 114-149.

［253］ Easton D. A Framework for Political Analysis ［J］. Englewood Cliffs, HJ: Prentice-Hall, 1965.

［254］ Eisenhardt K M. Better Stories and Better Constructs: The Case for Rigor and Comparative Logic ［J］. Academy of Management review, 1991, 16 (3): 620-627.

［255］ Elstub S. The Third Generation of Deliberative Democracy ［J］. Political Studies Review, 2010, 8 (3): 291-307.

［256］ Fligstein N, McAdam D. A Theory of Fields ［M］. Oxford University Press, 2012.

［257］ Fligstein N. The Transformation of Corporate Control ［M］. Harvard University Press, 1990.

［258］ Freeman R E. Strategic management: A Stakeholder Approach ［M］. Cambridge University Press, 2010.

［259］ Friedland R. Bring Scciety Back In: Symbols, Practices, and Institutional

Contradictions [J]. The New Institutionalism in Organizational Analysis, 1991 (1): 232-263.

[260] Friedmann W. Law in a Changing Society [M]//Law in a Changing Society. University of California Press, 2020.

[261] Glasser B G, Strauss A L. The Discovery of Grounded Theory: Strategies for Qualitative Research [M]. Routledge, 2017.

[262] Greenwood R, Hinings C R. Understanding Strategic Change: The Contribution of Archetypes [J]. Academy of Management Journal, 1993, 36 (5): 1052-1081.

[263] Godard J. Industrial Relations, The Economy, And Society [M]. North York, ON: Captus Press, 2000.

[264] Hannan M T, Freeman J. Organizational Ecology [M]. Harvard University Press, 1989.

[265] Herriott R E, Firestone W A. Multisite Qualitative Policy Research: Optimizing Description and Generalizability [J]. Educational Researcher, 1983, 12 (2): 14-19.

[266] Jooste S F, Scott W R. Organizations Enabling Public Private Partnerships: An Organization Field Approach [J]. Global Projects: Institutional and Political Challenges, 2011 (1): 377-402.

[267] Kirkbride P S, Durcan J. Bargaining Power and Industrial Relations [J]. Personnel Review, 1987 (1).

[268] Krasner S D. Sovereignty: An Institutional Perspective [J]. Comparative Political Studies, 1988, 21 (1): 66-94.

[269] Lee C H. Industrial Relations and Collective Bargaining in China [M]. Geneva: ILO, 2009.

[270] Lee C K. From Organized Dependence to Disorganized Despotism: Changing

Labour Regimes in Chinese Factories [J]. The China Quarterly, 1999 (157): 44-71.

[271] March J G, Olsen J P. The New Institutionalism: Organizational Factors in Political Life [J]. American Political Science Review, 1983, 78 (3): 734-749.

[272] Methe D T, Perry J L. The Impacts of Collective Bargaining on Local Government Services: A Review of Research [J]. Public Administration Review, 1980 (1): 359-371.

[273] Meyer J W, Rowan B. Institutionalized Organizations: Formal Structure as Myth and Ceremony [J]. American Journal of Sociology, 1977, 83 (2): 340-363.

[274] Mezias S J. An Institutional Model of Organizational Practice: Financial Reporting at The Fortune 200 [J]. Administrative Science Quarterly, 1990 (1): 431-457.

[275] Oliver C. Sustainable Competitive Advantage: Combining Institutional and Resource-Based Views [J]. Strategic Management Journal, 1997, 18 (9): 697-713.

[276] Pache A C, Santos F. Inside the Hybrid Organization: Selective Coupling as a Response to Competing Institutional Logics [J]. Academy of Management Journal, 2013, 56 (4): 972-1001.

[277] Podolny J M. A Status-Based Model of Market Competition [J]. American Journal of Sociology, 1993, 98 (4): 829-872.

[278] Powell, Walter W, Paul J. DiMaggio, eds. The New Institutionalism in Organizational Analysis [M]. University of Chicago Press, 2012.

[279] Ramus T, Vaccaro A, Brusoni S. Institutional Complexity in Turbulent Times: Formalization, Collaboration, and the Emergence of Blended Logics [J]. Academy of Management Journal, 2017, 60 (4): 1253-1284.

[280] Reay T, Hinings C R. Managing the Rivalry of Competing Institutional Logics [J]. Organization Studies, 2009, 30 (6): 629-652.

［281］ Paquet R, Gaétan I, Bergeron J G. Does Interest – Based Bargaining (IBB) Really Make a Difference in Collective Bargaining Outcomes? ［J］. Negotiation Journal, 2000, 16 (3): 281-296.

［282］ Shen J, Benson J. Tripartite Consultation in China: A First Step Towards Collective Bargaining? ［J］. International Labour Review, 2008, 147 (2-3): 231-248.

［283］ Scott W R. Institutions and Organizations. Thousand Oaks ［M］. Cal: Sage Publications, 1995.

［284］ Scott W R, Davis G F. Organizations and Organizing ［M］//Rational, Natural, and Open System Perspectives. Upper Sadle River: Pearson, 2007.

［285］ Scott R. The Organization of Societal Sector ［J］. Organizational Environments: Ritual and Rationality, 1983 (1): 129-153.

［286］ Scott W, Richard, Martin Ruef, Peter J, Mendel, Carol R. Institutional Change and Healthcare Organizations. From Professional Dominance to Managed Care ［M］. Chicago: University of Chicago Press, 2000.

［287］ Sliverman, David. The theory of Oaganisations: A Sociological Framework ［M］. New York: Basic Books, 1971.

［288］ Thornton P H. Markets from Culture: Institutional Logics and Organizational Decisions in Higher Education Publishing ［M］. Stanford University Press, 2004.

［289］ Thornton P H, Ocasio W. Institutional Logics and the Historical Contingency of Power in Organizations: Executive Succession in the Higher Education Publishing Industry, 1958-1990 ［J］. American Journal of Sociology, 1999, 105 (3): 801-843.

［290］ Thornton P H, Ocasio W, Lounsbury M. The Institutional Logics Perspective: A New Approach to Culture, Structure and Process ［M］. OUP Oxford, 2012.

［291］ Thornton P H, Ocasio W. Institutional Logics ［J］. The Sage Handbook of Organizational Institutionalism, 2008 (840): 99-128.

［292］ Troy L. Beyond Unions and Collective Bargaining ［J］. Journal of Labor Research, 2003, 13（4）: 731.

［293］ Yin R K. Case Study Research: Design and Methods ［M］. Sage, 2009.

［294］ Valadez J M. Deliberative Democracy, Political Legitimacy, and Self-Determination in Multicultural Societies ［M］. Routledge, 2018.

［295］ Warner M, Sek-Hong N. Collective Contracts in Chinese Enterprises: A New Brand of Collective Bargaining Under "Market Socialism"? ［J］. British Journal of Industrial Relation, 1999, 37（2）: 295-314.

［296］ Warner M. Trade unions in China: In search of a new role in the "harmonious society" ［M］. Trade Unions in Asia Routledge, 2008: 158-174.

［297］ Webb S, Webb B. Industrial Democracy（1897）［M］. London: Longmans, Green, 1914.

附　录

附录 A　半结构化访谈提纲

对企业行政方的访谈提纲

1. 请介绍一下贵公司的集体协商机制设立的背景（时间、目的和推动力量）。

2. 贵公司在初次设立集体协商机制时遇到哪些阻力、障碍或困难？最终是如何突破这些障碍、阻力或困难的。

3. 贵公司集体协商机制和人力资源管理、行政管理、民主管理等机制在流程和功能上有无冲突？如何实现集体协商机制和这些机制之间在流程和功能上融合和协同一致的？

4. 贵公司集体合同签订的周期是多久？每次集体协商的邀约是由企业方发起还是由工会发起？会做哪些准备工作？在集体协商准备阶段通常会有哪些方面需要协调、平衡？如何协调和平衡这些方面？

5. 贵公司每次集体协商的时间大概持续多久？参与主体有哪些？各主体之

间的角色分配怎样？各主体之间有无矛盾和冲突？协商过程中是否有不顺畅的地方？如何化解集体协商中的潜在风险？最终的协商结果如何？

6. 贵公司集体合同签订后的执行情况怎样？有没有遇到执行不到位的情况？执行中一般会有哪些困难？如何克服这些困难？

7. 您认为贵公司工资集体协商的投入和产出情况如何？工资集体协商这件事值不值得做？有何积极的意义？工资集体协商是否给公司带来不可控的压力和风险？

8. 您认为贵公司集体协商有哪些经验可以总结？贵公司集体协商的哪些方面需要改进？

对企业工会的访谈提纲

1. 请介绍一些贵公司工会的基本情况（建制时间、人员构成、主要工作）。

2. 贵公司工会在集体协商的建制、准备、协商及集体合同的执行中分别扮演什么角色？主要做了哪些工作？

3. 企业方和员工有着不同的价值诉求，集体协商建制及运行全过程中，工会是如何平衡好与企业方及员工之间关系？工会自身扮演多重角色，多重角色之间的冲突是如何平衡的？

4. 在集体协商中地方工会是否给予帮助？地方工会和地方政府是否会介入贵公司的集体协商？是如何介入的？

5. 贵公司集体协商与党务、人力资源管理、民主管理等方面的工作在流程和职能上协调性如何？是否存在不顺畅、不协调的地方？如何去解决这些不顺畅和不协调的问题？

6. 贵公司的集体协商中通常会有哪些矛盾和问题？最终是如何化解这些矛盾和冲突的？

7. 贵公司的集体协商代表是否接受专门的协商技能培训？

8. 贵公司集体协商效果如何？有哪些经验可以总结？有哪些方面需要进一

步改进？

对员工代表的访谈提纲

1. 请简单介绍下您个人的基本情况（年龄、学历、岗位、来公司工作时间等）。

2. 您对公司的集体协商了解多吗？参与过集体协商的相关工作吗？您愿意通过集体协商和企业方一起商讨工资事宜吗？

3. 您对工资集体协商有什么期望？如果集体协商的最终结果和自己的期望有差距您会接受吗？一般想通过什么渠道或方式来解决集体协商中的问题？

4. 对于参加公司集体协商您有何担心或顾虑？如何才能消除您对工资集体协商的担心和顾虑？

5. 您对企业方及工会在集体协商中的表现怎么看？他们在集体协商中的工作有哪些不足和需要改进的地方？

6. 您认为公司集体协商的效果怎样？有哪些需要改进的地方？

对地方政府部门的访谈提纲

1. 请介绍本地区的产业结构及企业的总体情况。

2. 请介绍本地区政府部门推进企业工资集体协商工作的政策沿革、主要措施、工作难点及工作亮点。

3. 本地区政府部门推进企业工资集体协商工作的主要驱动因素有哪些？

4. 本地区政府部门推进企业工资集体协商对本地区经济发展、产业发展及劳动关系有何影响？

5. 本地区政府部门推进企业工资集体协商工作有哪些经验可以总结？

6. 本地区政府部门推进企业工资集体协商工作的未来规划有哪些？

对地方总工会的访谈提纲

1. 请介绍本地区工会组织、工会工作开展及工会人员配置情况。

2. 请介绍本地区总工会推进企业工资集体协商工作的政策沿革、主要措施、工作难点、工作亮点。

3. 本地区地方总工会推进企业工资集体协商工作的主要驱动因素有哪些?

4. 本地区地方总工会推进企业工资集体协商对本地区和谐劳动关系构建有何影响?

5. 本地区地方总工会推进企业工资集体协商工作有哪些经验可以总结?

6. 本地区地方总工会推进企业工资集体协商工作的未来规划有哪些?

附录 B　企业工资集体协商实践情况调查问卷及问卷数据回收情况

第 1 题　您所在的岗位　[单选题]

选项	小计	比例
企业高层管理人员	95	1.72%
企业中层管理人员	539	9.78%
普通员工	4494	81.58%
兼职工会工作人员	164	2.98%
兼职工会管理人员	86	1.56%
专职工会工作人员	95	1.72%
专职工会管理人员	36	0.65%
本题有效填写人次	5509	

第 2 题　您在本企业的工作时间　[单选题]

选项	小计	比例
10 年以上	3319	60.25%
5~10 年	824	14.96%

选项	小计	比例
3~5 年	552	10.02%
1~3 年	580	10.53%
1 年以下	234	4.25%
本题有效填写人次	5509	

第 3 题　您的性别　［单选题］

选项	小计	比例
男	3548	64.4%
女	1961	35.6%
本题有效填写人次	5509	

第 4 题　您的年龄　［单选题］

选项	小计	比例
50 岁以上	1371	24.89%
40~50 岁	1809	32.84%
30~39 岁	1657	30.08%
20~29 岁	667	12.11%
20 岁以下	5	0.09%
本题有效填写人次	5509	

第 5 题　您的学历　［单选题］

选项	小计	比例
博士	30	0.54%
硕士	252	4.57%
本科	1633	29.64%

续表

选项	小计	比例
大专	1851	33.6%
大专以下	1743	31.64%
本题有效填写人次	5509	

第6题 您所在企业的性质 [单选题]

选项	小计	比例
国有企业	4171	75.71%
合资企业	77	1.4%
私有企业	1038	18.84%
外资企业	23	0.42%
其他	200	3.63%
本题有效填写人次	5509	

第7题 您所在企业的地理位置 [单选题]

选项	小计	比例
珠三角地区	35	0.64%
长三角地区	197	3.58%
中部地区	1372	24.9%
西部地区	2312	41.97%
其他地区	1593	28.92%
本题有效填写人次	5509	

第8题 您所在企业的正式员工（签订劳动合同的）的数量是多少？ [单选题]

选项	小计	比例
500人以上	2930	53.19%
300~500人	816	14.81%

选项	小计	比例
100~300 人	1034	18.77%
50~100 人	463	8.4%
50 人以下	266	4.83%
本题有效填写人次	5509	

第 9 题　您所在企业是否建立工会　[单选题]

选项	小计	比例
已建立	5359	97.28%
尚未建立	150	2.72%
本题有效填写人次	5509	

第 10 题　您所在企业工会建立的时间　[单选题]

选项	小计	比例
10 年以上	4210	78.96%
5~10 年	566	10.62%
3~5 年	234	4.39%
1~3 年	179	3.36%
1 年以下	36	0.68%
（空）	107	2.01%
本题有效填写人次	5332	

第 11 题　您所在企业是否建立厂务公开制度　[单选题]

选项	小计	比例
是	4110	74.61%
否	264	4.79%

续表

选项	小计	比例
不清楚	1135	20.6%
本题有效填写人次	5509	

第12题　您所在企业是否建立了职工董监事制度　［单选题］

选项	小计	比例
是	3524	63.97%
否	380	6.9%
不清楚	1605	29.13%
本题有效填写人次	5509	

第13题　您所在企业是否建立了职工代表大会制度　［单选题］

选项	小计	比例
是	4680	84.95%
否	176	3.19%
不清楚	653	11.85%
本题有效填写人次	5509	

第14题　您所在企业是否有职工代表大会、职工董监事及厂务公开制度之外的民主协商、民主沟通等民主管理机制　［单选题］

选项	小计	比例
有	3808	69.12%
没有	340	6.17%
不清楚	1361	24.71%
本题有效填写人次	5509	

第 15 题　您所在企业是否建立了工资集体协商机制　〔单选题〕

选项	小计	比例	
是	2962		53.77%
否	798		14.49%
不清楚	1749		31.75%
本题有效填写人次	5509		

第 16 题　您所在企业工资集体协商机制的建立时间　〔单选题〕

选项	小计	比例	
10 年以上	2603		55.47%
5~10 年	567		12.08%
3~5 年	302		6.44%
1~3 年	238		5.07%
1 年以下	287		6.12%
（空）	696		14.83%
本题有效填写人次	4693		

第 17 题　地方政府对您所在企业工资集体协商全过程的介入程度　〔单选题〕

选项	小计	比例	
介入非常多	497		10.59%
介入比较多	441		9.4%
一般介入	752		16.02%
基本不介入	277		5.9%
从不介入	122		2.6%
不清楚	2273		48.43%
（空）	331		7.05%
本题有效填写人次	4693		

第18题　地方工会对您所在企业工资集体协商全过程的介入程度　［单选题］

选项	小计	比例	
介入非常多	553		11.78%
介入比较多	467		9.95%
介入一般多	617		13.15%
介入比较少	255		5.43%
从不介入	159		3.39%
不清楚	2305		49.12%
（空）	337		7.18%
本题有效填写人次	4693		

第19题　您所在企业是否进行过工资集体协商与相关工作流程的管理或优化　［单选题］

选项	小计	比例	
经常做	1204		25.66%
定期做	1247		26.57%
偶尔做	581		12.38%
很少做	397		8.46%
没有做过	737		15.7%
（空）	527		11.23%
本题有效填写人次	4693		

第20题　您所在企业在工资集体协商准备阶段企业与员工之间的沟通情况　［单选题］

选项	小计	比例	
达成一致共识	1637		34.88%

选项	小计	比例
基本达成共识	1479	31.52%
很少有共识	352	7.5%
基本没有共识	221	4.71%
没有共识	501	10.68%
（空）	503	10.72%
本题有效填写人次	4693	

第21题　您所在企业工资集体协商与企业其他民主管理机制在流程上的协调性　[单选题]

选项	小计	比例
非常协调	1496	31.88%
比较协调	1251	26.66%
一般协调	957	20.39%
不协调	268	5.71%
很不协调	202	4.3%
（空）	519	11.06%
本题有效填写人次	4693	

第22题　您所在企业工资集体协商与企业人力资源管理在流程上的协调性 [单选题]

选项	小计	比例
非常协调	1483	31.6%
比较协调	1266	26.98%
一般协调	998	21.27%
不协调	236	5.03%
很不协调	180	3.84%

续表

选项	小计	比例
（空）	530	11.29%
本题有效填写人次	4693	

第23题　您所在企业在工资集体协商前是否与员工就工资与企业业绩增长达成共识　［单选题］

选项	小计	比例
达成一致共识	1638	34.9%
基本达成共识	1538	32.77%
很少有共识	432	9.21%
基本没有共识	227	4.84%
没有共识	344	7.33%
（空）	514	10.95%
本题有效填写人次	4693	

第24题　您所在企业工资集体协商中企业和员工之间的信息对称性　［单选题］

选项	小计	比例
很强	1311	27.94%
比较强	1137	24.23%
一般	1280	27.27%
不对称	230	4.9%
很不对称	212	4.52%
（空）	523	11.14%
本题有效填写人次	4693	

第25题　您所在企业工资集体协商中工资增长与企业经营业绩增长之间的

关联性 ［单选题］

选项	小计	比例
有很强的直接关联性	1465	31.22%
有较强的直接关联性	1648	35.12%
没有直接关联	487	10.38%
基本没有关联	284	6.05%
没有关联	280	5.97%
（空）	529	11.27%
本题有效填写人次	4693	

第26题 您所在企业的工会主席在工资集体协商中的胜任能力 ［单选题］

选项	小计	比例
很强	1564	33.33%
比较强	1091	23.25%
一般	1161	24.74%
比较弱	121	2.58%
很弱	240	5.11%
（空）	516	11%
本题有效填写人次	4693	

第27题 您所在企业的工会在工资集体协商中的角色 ［单选题］

选项	小计	比例
站在企业方	669	14.26%
站在员工方	1086	23.14%
企业与员工的中间方	1326	28.25%
其他情况	69	1.47%
不清楚	1068	22.76%

续表

选项	小计	比例
（空）	475	10.12%
本题有效填写人次	4693	

第28题 您所在企业工会在工资集体协商工作中的工作方式 ［单选题］

选项	小计	比例
非常灵活	1175	25.04%
比较灵活	1219	25.97%
中规中矩	1008	21.48%
比较保守	426	9.08%
非常保守	328	6.99%
（空）	537	11.44%
本题有效填写人次	4693	

第29题 您所在企业工资集体协商中协商代表选举的民主性 ［单选题］

选项	小计	比例
非常民主	1407	29.98%
比较民主	1250	26.64%
一般民主	1082	23.06%
不民主	233	4.96%
非常不民主	186	3.96%
（空）	535	11.4%
本题有效填写人次	4693	

第30题 您所在企业工资集体协商中的协商双方的平等性 ［单选题］

选项	小计	比例
非常平等	1347	28.7%

选项	小计	比例
比较平等	1335	28.45%
平等	824	17.56%
不平等	465	9.91%
非常不平等	188	4.01%
（空）	534	11.38%
本题有效填写人次	4693	

第31题　您所在企业工资集体协商程序的规范性　［单选题］

选项	小计	比例
非常规范	1416	30.17%
比较规范	1289	27.47%
一般规范	1067	22.74%
不规范	228	4.86%
非常不规范	151	3.22%
（空）	542	11.55%
本题有效填写人次	4693	

第32题　您所在企业工资集体协商过程中是否有劳动争议发生　［单选题］

选项	小计	比例
经常有	591	12.59%
偶尔有	1013	21.59%
很少有	943	20.09%
基本没有	892	19.01%
没有	714	15.21%
（空）	540	11.51%
本题有效填写人次	4693	

第 33 题　您所在企业工资集体协商对职工工资权益的维护情况　［单选题］

选项	小计	比例
非常好	1373	29.26%
比较好	1253	26.7%
一般	1202	25.61%
比较差	156	3.32%
很差	177	3.77%
（空）	532	11.34%
本题有效填写人次	4693	

第 34 题　您所在企业工资集体协商对企业经营业绩的影响情况　［单选题］

选项	小计	比例
有很积极的影响	1303	27.76%
有一定的积极影响	1505	32.07%
没有影响	929	19.8%
有一定消极影响	246	5.24%
有很大消极影响	151	3.22%
（空）	559	11.91%
本题有效填写人次	4693	

第 35 题　您所在企业企业方对工会在工资集体协商工作中的满意度 ［单选题］

选项	小计	比例
非常满意	1456	31.02%
比较满意	1119	23.84%
基本满意	1146	24.42%
基本不满意	200	4.26%

续表

选项	小计	比例
不满意	215	4.58%
（空）	557	11.87%
本题有效填写人次	4693	

第 36 题 您所在企业员工对工会在工资集体协商工作中的满意度 ［单选题］

选项	小计	比例
非常满意	1388	29.58%
比较满意	1106	23.57%
基本满意	1138	24.25%
基本不满意	253	5.39%
不满意	256	5.45%
（空）	552	11.76%
本题有效填写人次	4693	

第 37 题 您所在企业员工对工资集体协商结果的满意度 ［单选题］

选项	小计	比例
非常满意	1363	29.04%
比较满意	1108	23.61%
基本满意	1162	24.76%
基本不满意	261	5.56%
不满意	247	5.26%
（空）	552	11.76%
本题有效填写人次	4693	

第 38 题 您所在企业企业方对工资集体协商结果的满意度 ［单选题］

选项	小计	比例
非常满意	1386	29.53%

续表

选项	小计	比例
比较满意	1155	24.61%
基本满意	1199	25.55%
基本不满意	194	4.13%
不满意	196	4.18%
（空）	563	12%
本题有效填写人次	4693	

第 39 题　您所在企业平均每次工资集体协商花费的时间　［单选题］

选项	小计	比例
4 个月以上	976	20.8%
3~4 个月	406	8.65%
2~3 个月	679	14.47%
1~2 个月	805	17.15%
1 个月以下	1137	24.23%
（空）	690	14.7%
本题有效填写人次	4693	

第 40 题　您所在企业员工在工资集体协商中是否享有充分的知情权、咨询权和参与权　［单选题］

选项	小计	比例
非常不符合	428	9.12%
比较不符合	366	7.8%
不确定	1311	27.94%
比较符合	1231	26.23%
非常符合	806	17.17%
（空）	551	11.74%
本题有效填写人次	4693	

第 41 题 您所在企业工资集体合同的执行情况 〔单选题〕

选项	小计	比例	
严格执行	1694		36.1%
比较严格执行	756		16.11%
基本能执行	1397		29.77%
基本不执行	158		3.37%
不执行	149		3.17%
（空）	539		11.49%
本题有效填写人次	4693		

第 42 题 您所在企业劳动争议的发生量 〔单选题〕

选项	小计	比例	
非常多	388		7.04%
比较多	377		6.84%
一般	2035		36.94%
基本没有	1840		33.4%
没有	869		15.77%
本题有效填写人次	5509		

第 43 题 您所在企业的工会主席岗位设置情况 〔单选题〕

选项	小计	比例	
专职工会主席	2394		43.46%
由公司高管兼任	1356		24.61%
由公司中层干部兼任	929		16.86%
由普通员工担任	228		4.14%
其他情况	602		10.93%
本题有效填写人次	5509		

第44题 您所在企业员工对所在单位是否有较强的认同感和归属感 ［单选题］

选项	小计	比例
非常不符合	400	7.26%
比较不符合	415	7.53%
不确定	1566	28.43%
比较符合	2068	37.54%
非常符合	1060	19.24%
本题有效填写人次	5509	

第45题 您所在企业是否经常参与单位中涉及自身利益的决策 ［单选题］

选项	小计	比例
非常不符合	576	10.46%
比较不符合	540	9.8%
不确定	1944	35.29%
比较符合	1660	30.13%
非常符合	789	14.32%
本题有效填写人次	5509	

第46题 您所在企业，员工的收入和绩效之间是否有紧密的联系 ［单选题］

选项	小计	比例
非常不符合	358	6.5%
比较不符合	391	7.1%
不确定	1270	23.05%
比较符合	2321	42.13%
非常符合	1169	21.22%
本题有效填写人次	5509	

第47题　您所在企业，员工是否有机会分享单位的利润收益　［单选题］

选项	小计	比例
非常不符合	690	12.52%
比较不符合	488	8.86%
不确定	1900	34.49%
比较符合	1679	30.48%
非常符合	752	13.65%
本题有效填写人次	5509	

第48题　您所在企业，员工的薪酬待遇和福利保障是否会跟随单位的收益有所变动　［单选题］

选项	小计	比例
非常不符合	386	7.01%
比较不符合	378	6.86%
不确定	1591	28.88%
比较符合	2240	40.66%
非常符合	914	16.59%
本题有效填写人次	5509	

第49题　您所在企业是否营造了公平、公正、和谐的工作环境　［单选题］

选项	小计	比例
非常不符合	430	7.81%
比较不符合	411	7.46%

选项	小计	比例
不确定	1325	24.05%
比较符合	2217	40.24%
非常符合	1126	20.44%
本题有效填写人次	5509	

第 50 题　您所在企业是否有较强的凝聚力　[单选题]

选项	小计	比例
非常不符合	335	6.08%
比较不符合	356	6.46%
不确定	1387	25.18%
比较符合	2255	40.93%
非常符合	1176	21.35%
本题有效填写人次	5509	

第 51 题　您所在企业，员工对单位上下级之间的关系是否满意　[单选题]

选项	小计	比例
非常不符合	347	6.3%
比较不符合	383	6.95%
不确定	1361	24.71%
比较符合	2309	41.91%
非常符合	1109	20.13%
本题有效填写人次	5509	

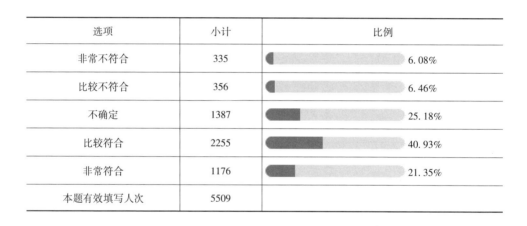

第 52 题　您所在企业单位内的劳动关系是否和谐　［单选题］

选项	小计	比例
非常不符合	301	5.46%
比较不符合	338	6.14%
不确定	1202	21.82%
比较符合	2434	44.18%
非常符合	1234	22.4%
本题有效填写人次	5509	